欧洲专利获权策略

国家知识产权局专利局初审及流程管理部　组织编写

图书在版编目（CIP）数据

欧洲专利获权策略/国家知识产权局专利局初审及流程管理部组织编写. —北京：知识产权出版社，2016.9
（海外专利获权指导丛书）
ISBN 978-7-5130-4455-4

Ⅰ.①欧… Ⅱ.①国… Ⅲ.①专利申请—基本知识—欧洲 Ⅳ.①G306.3

中国版本图书馆 CIP 数据核字（2016）第 219639 号

内容提要

针对我国海外专利申请数量增长迅猛，而申请人对申请程序、审查规则等不了解的现状，本书分为四章介绍欧洲专利获权策略：中国申请人在欧洲专利申请状况、欧洲专利概述、欧洲专利获权程序中的常见问题以及欧洲专利获权程序中可利用的国际合作项目。

本书是实务类图书，可为申请人的欧洲专利申请及授权提供有针对性的服务，特别是在欧洲专利申请和审查环节为申请人提供有益的引导和帮助。

责任编辑：龚 卫 崔 玲	责任校对：董志英
装帧设计：八度出版服务机构	责任出版：刘译文

海外专利获权指导丛书
欧洲专利获权策略
国家知识产权局专利局初审及流程管理部　组织编写

出版发行：知识产权出版社有限责任公司	网　　址：http://www.ipph.cn
社　　址：北京市海淀区西外太平庄 55 号	邮　　编：100081
责编电话：010-82000860 转 8121	责编邮箱：gongwei@cnipr.com
发行电话：010-82000860 转 8101/8102	发行传真：010-82000893/82005070/82000270
印　　刷：北京嘉恒彩色印刷有限公司	经　　销：各大网上书店、新华书店及相关专业书店
开　　本：720mm×1000mm　1/16	印　　张：13
版　　次：2016 年 9 月第 1 版	印　　次：2016 年 9 月第 1 次印刷
字　　数：210 千字	定　　价：42.00 元
ISBN 978-7-5130-4455-4	

出版权专有　侵权必究
如有印装质量问题，本社负责调换。

前　言

近年来，我国申请人积极参与海外经济活动，海外专利申请数量增长迅猛。但是，由于我国申请人对海外专利申请及审查程序不熟悉、对相关审查规则不了解而引发的权利丧失，已经成为阻碍我国申请人海外专利获权的重要影响因素。如何为我国申请人的海外专利获权提供有针对性的服务，在海外专利申请和审查环节为其提供有益的引导和帮助，已经成为当前知识产权界最为关心的问题之一。

国家知识产权局近年来一直十分重视加强我国创新主体的知识产权海外布局和风险防控。2014年，国家知识产权局局长申长雨在全国知识产权局局长会议上指出，要"深入研究我国企业走出去过程中遇到的知识产权问题，针对需求提供良好服务"。近几年来，国家知识产权局一直在积极推进相关工作，将"编制发布相关国家和地区专利申请实务指引"纳入年度工作计划，并将其列为实施《国务院关于新形势下加快知识产权强国建设的若干意见》的一项重点任务。自2014年起，国家知识产权局专利局初审及流程管理部围绕局党组的要求和部署，认真开展我国申请人海外专利获权相关的实证分析及策略研究，并同步推进相关实务指引手册的编制，本书是上述工作成果之一。

这是一本介绍欧洲专利获权策略的实务手册，分章介绍中国申请人在欧洲专利申请状况、欧洲专利概述、欧洲专利获权程序中的常见问题以及欧洲专利获权程序中可利用的国际合作项目。本书撰写的具体分工为：杨兴负责全书的框架设计、统稿和审稿工作；曹丽丽负责第一章的撰写；余梅霜负责第二章、第三章的撰写；范晓负责第四章的撰写，李莉参与部分章节的修改和审校。国家知识产权局专利局初审及流程管理部部长钱孟姗对本书进行了终审，并提供了许多宝贵的指导性意见。

希望本书能够为有意在欧洲获得专利权的中国申请人带来帮助！

2016 年 8 月

目　　录

第一章　中国申请人在欧洲专利申请状况 ·· 1
　第一节　中国申请人在欧申请专利概况 ··· 1
　第二节　中国在欧专利申请特点 ·· 5

第二章　欧洲专利概述 ·· 12
　第一节　欧洲专利体系 ·· 12
　第二节　欧洲专利申请程序 ·· 15
　第三节　欧洲专利生效程序 ·· 17
　第四节　申诉、异议、限制和撤销、无效程序 ···································· 19
　第五节　欧洲单一专利 ·· 20

第三章　欧洲专利获权程序中的常见问题 ·· 22
　第一节　关于提交申请的常见问题 ·· 22
　第二节　关于受理审查及确定申请日的常见问题 ································ 57
　第三节　关于欧洲专利申请形式审查的常见问题 ································ 61
　第四节　关于欧洲检索程序的常见问题 ·· 81
　第五节　关于欧洲公布程序的常见问题 ·· 86
　第六节　关于实质审查程序的常见问题 ·· 90
　第七节　关于生效程序的常见问题 ·· 101
　第八节　关于利用欧洲单一专利制度的常见问题 ································ 123

第九节　关于费用的常见问题 …………………………… 128

　　第十节　关于期限的常见问题 …………………………… 134

　　第十一节　关于加快审查的常见问题 …………………… 136

　　第十二节　实用信息 ……………………………………… 140

第四章　欧洲专利获权程序中可利用的国际合作项目 ………… 144

　　第一节　中国与欧洲国家或地区间的优先权文件电子交换服务 ……… 144

　　第二节　五局PPH项目下向欧洲专利局提交PPH请求实务 ………… 147

　　第三节　中国与欧洲国家开展的双边PPH项目实务 …………… 167

　　第四节　欧洲专利审查信息查询 ………………………… 193

第一章

中国申请人在欧洲专利申请状况

近年来，欧盟成为中国最大的贸易伙伴，而中国则是欧盟仅次于美国的第二大贸易伙伴。中欧贸易领域的密切合作与高速发展，为更多中国企业走出国门进入欧洲市场带来了机遇。在这一过程中，知识产权既可能成为企业最好的武器，也可能成为企业参与海外市场竞争的绊脚石。如何在欧洲市场根据企业自身情况合理谋划专利布局，加强知识产权保护，成为企业增强在欧洲市场核心竞争力的重中之重。

第一节 中国申请人在欧申请专利概况

一、欧洲专利的申请途径

欧洲是专利制度的发源地，主要的欧洲国家基本都较早建立了自己的专利制度，较晚的德国，也在1877年制定了首部专利法。[1] 中国

---

[1] http://www.dpma.de/english/the_office/history/index.html.

企业在欧洲进行专利保护，可以直接向各个目标国家提出专利申请并履行相应手续。难点在于，欧洲国家多且各国专利制度各有特点，且语言各异。

通过《欧洲专利公约》（European Patent Convention，EPC）向欧洲专利局（European Patent Office，EPO）提交专利申请则便利许多。并且，EPC 是向欧洲所有国家开放的，并不限于欧盟范围之内。如今，《欧洲专利公约》拥有 38 个成员国（其中包括全部 28 个欧盟成员），2 个延伸国——波黑和黑山，此外《欧洲专利公约》甚至还走出了欧洲，来自北非的摩洛哥成为其有效国（Validation State，摩洛哥自 2015 年 3 月 1 日起将欧洲专利视为其国家专利）。❶

除了通过《巴黎公约》途径直接向欧洲国家或者欧洲专利组织提交专利申请，也可以通过 PCT 途径进入欧洲寻求专利保护。申请人首先提出 PCT 国际申请，以此进入欧洲地区，即直接向欧洲专利局提交 PCT 进入请求，或者不通过欧洲专利局而直接向目标欧洲国家提出进入请求，但要注意有些国家关闭了 PCT 的国家通道（如法国、比利时等），只能先进入欧洲地区再在该国生效。

二、中国在欧洲专利申请数据解读

2014 年，欧洲地区共受理专利申请 274 174 件，创下历史新高。❷其中，大约 1/3 的申请来自欧洲专利局成员国，2/3 来自欧洲以外的国家（按第一申请人居所划分申请来源国）。在欧洲以外国家中，美国（71 745 件）、日本（48 657 件）、德国（31 647 件）、中国（26 472 件）和韩国（16 358 件）再次位列申请量国家排名的前五位（见图 1-1）。

---

❶ http：//www.epo.org/about-us/organisation/validation-states.html.

❷ 因欧洲各国专利局申请量数据并无统一的统计口径和发布时间，故此处 2014 年欧洲专利申请量以欧洲专利局官网发布数据为准。在欧洲专利局公布的数据中，"European patent filings" 是指欧洲地域范围内各专利局受理专利申请总和，"European patent applications" 是欧洲专利局受理的专利申请。此外，进一步的指标统计也是针对欧洲专利局受理的这部分申请进行的。

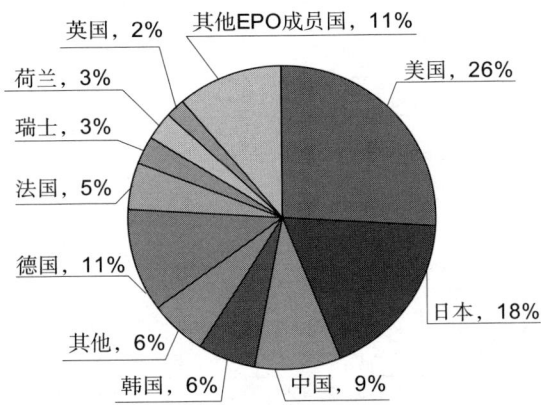

图1-1 2014年欧洲专利申请来源国分布

尽管这一数据与我国作为世界第二大经济体、欧盟第二大贸易伙伴的地位还不相称，但是如果进一步比较增长率，则会发现来自欧洲本土的申请量早已缓慢增长，而在其他大的经济体中，来自中国的申请量增幅最大，达到18%，其次是美国，增长率将近7%。❶

图1-2所示为欧洲专利申请主要来源国在2005—2014年在欧洲专利申请量的变化。不难发现，十年来，中国是这几大国中唯一始终保持明显增长态势的国家，从2005年的2 687件，提升至2014年的26 472件，申请量净增几乎9倍。反观其他国家，欧洲两强德国和法国申请量基本平稳；美国地位一时难以撼动，并且近几年增量明显；日本在2009年后增长了几年，但近3年呈下降趋势；韩国在2005—2008年增量与中国呈现齐头并进的态势，但2009年之后增幅减小。

---

❶ http：//www.epo.org/about-us/annual-reports-statistics/statistics/filings.html.

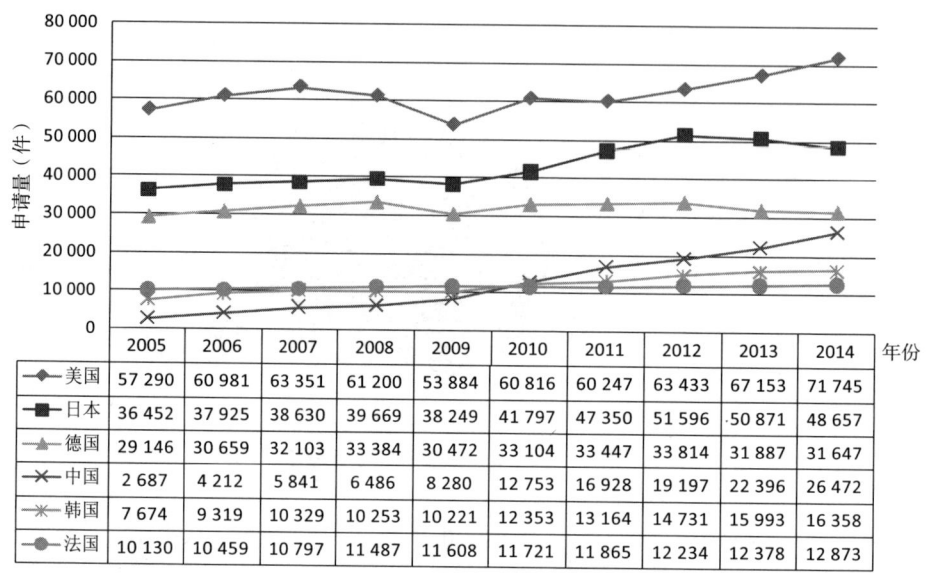

图 1-2 2005—2014 年欧洲专利申请主要来源国申请量之变化

数据来源：http://documents.epo.org/projects/babylon/eponet.nsf/0/e160dbf5b5b742efc1257df600347aca/$FILE/European_patent_filings_by_country_of_origin_2005-2014_en.xlsx.

三、中国在欧洲专利局专利申请数据解读

2014 年，中国申请人向欧洲专利局提交的专利申请（包括直接向欧洲专利局提交专利申请和 PCT 国际申请进入欧洲地区的）达到 4 624 件，在五局中排名最末。❶ 尽管如此，来自中国的申请的增长率仍是最大的。由图 1-3 可见，2005—2014 年十年间，中国申请人向欧洲专利局提交的专利申请数量增长了近 8 倍，从 563 件增至 4 624 件。同时，欧洲专利局受理申请中，五局提交的申请占了 95% 之多。

---

❶ 五局（IP5）指世界五个最大的知识产权局，包括中国知识产权局、美国专利商标局、欧洲专利局、日本特许厅和韩国知识产权局。

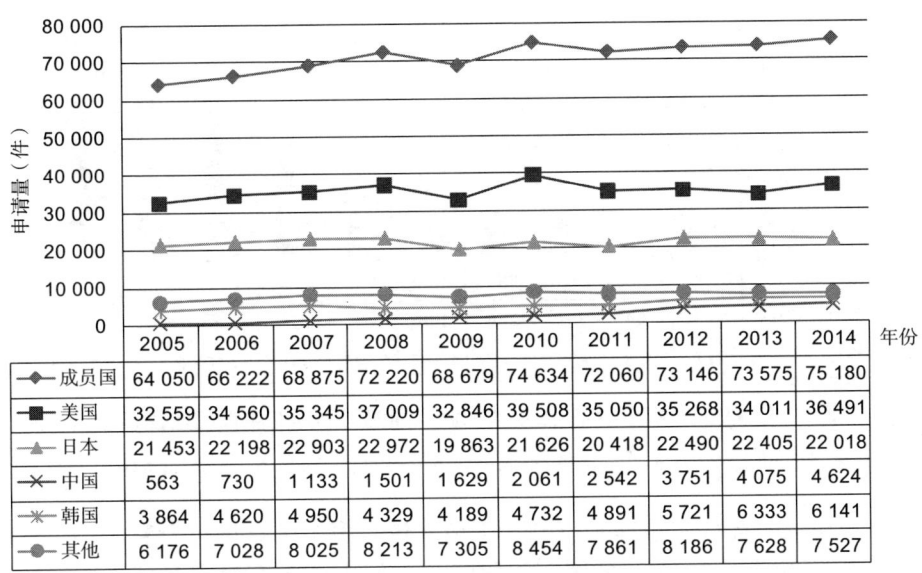

图 1-3　2005—2014 年欧洲专利局受理专利申请来源分布

第二节　中国在欧专利申请特点

要分析和研究中国申请人在欧洲专利申请的特点，就必然要搜集中国在欧洲各国家专利局所提交的申请相关数据。但是如前所述，欧洲各国家专利局统计数据的统计指标、发布时间等都不一致，因此无法对全部在欧申请进行统计，并且，本书介绍的是向欧洲专利局提交专利申请的实务指引，因此本节选取的数据全部以欧洲专利局发布的各国居民向其提交的专利申请数据为准。

一、中国申请人对欧申请途径选择

如前所述，中国申请人向欧洲专利局提交申请可以选择根据《巴黎公约》直接向欧洲专利局提交或者通过 PCT 途径进入欧洲地区。中国申请人显然更加偏好 PCT 途径，见图 1-4。

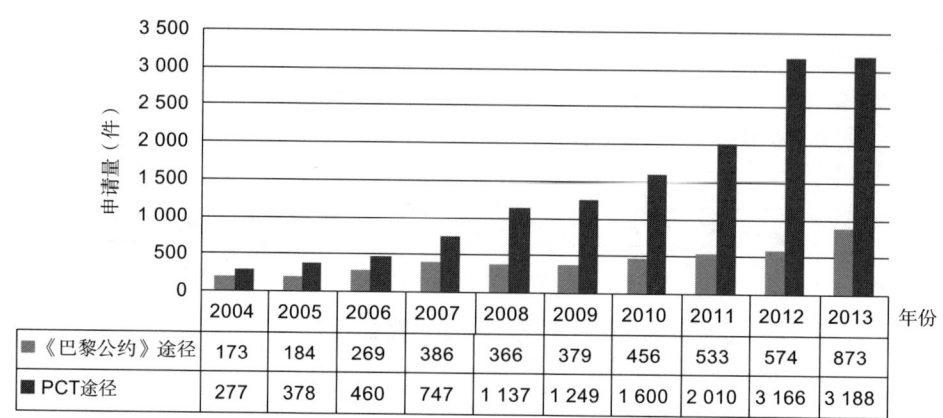

图 1-4 2004—2013 年中国申请人向欧洲专利局提交申请的途径选择

数据来源：http：//www.fiveipoffices.org/statistics/statisticaldata/ip5filings2014.xls。

PCT 途径的优势之一即是有利于申请人进入多个国家进行专利申请，因 PCT 给予了 30 个月的国际阶段时长，使申请人有更多时间准备国家阶段必要的文件和资金等。而欧洲专利局作为地区专利组织，其授权的专利可在 41 个国家生效，因此不难理解，为什么中国申请人在向欧洲专利局提交专利申请的行为上，更加偏好使用 PCT 途径。由图 1-4 可见，中国申请人向欧洲专利局提交的专利申请数量逐年增长，且 PCT 途径提交的申请在过去十年间增长了十多倍，2013 年通过 PCT 途径提交的申请是通过《巴黎公约》途径提交的近 4 倍。

二、中国在欧洲专利局申请技术领域分布

根据欧洲专利局 2014 年报数据，2014 年其受理专利申请中，排名前十的热点技术领域为：医疗技术（11 124 件）、电子器械/设备/能源（10 944 件）、数字通信（10 018 件）、计算机技术（9 869 件）、交通运输（7 533 件）、测量技术（7 228 件）、有机精细化学（6 132 件）、生物技术（5 905 件）、引擎/泵/涡轮机（5 318 件）、制药（5 270 件），见图 1-5。

其中，生物技术以较 2013 年增长 12.6%，成为增幅最大的技术领域，电子器械/设备/能源以 8% 增幅排名第二，而计算机技术的增幅也达到了 7.8%，紧随其后的是数字通信和测量技术领域增幅均为 6.6%。

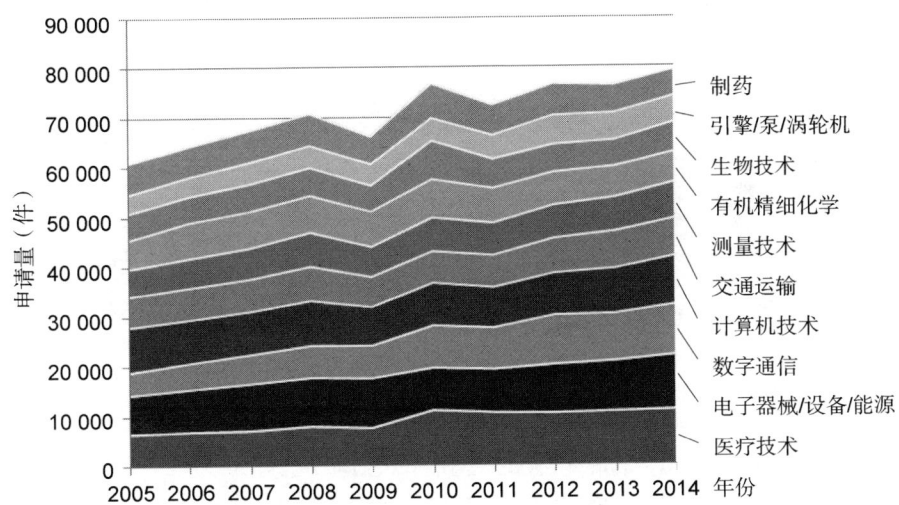

图1-5　2005—2014年欧洲专利局受理专利申请技术领域前十分布

数据来源：http://www.epo.org/about-us/annual-reports-statistics/annual-report/2014/statistics/patent-applications.html.

中国在欧洲专利局提交的专利申请的技术领域侧重有所不同。中欧两局庆祝专利合作三十周年活动提供的数据显示，2014年数字通信技术占中国在欧洲专利局全部申请的32.1%，计算机技术占10.5%，通信占7.9%。除中国以外的其他所有国家在欧洲专利局的申请中，数量最多的为医疗技术，占7.5%，其次是电子器械/设备/能源，占7.3%，最后是计算机技术，占6.4%。可见，数字通信领域专利申请是中国向欧洲专利局提交专利申请的绝对主力。

同时，另一个特点是，中国在欧洲专利局专利申请的主要技术领域不仅集中而且增幅也大。以数字通信领域为例，最近十年（2005—2014年），平均增幅达到65.4%，而其他国家在这一领域的十年平均增幅只有8.2%。❶

---

❶ 数据来源：http://www.epo.org/news-issues/news/2015/20151009.html.

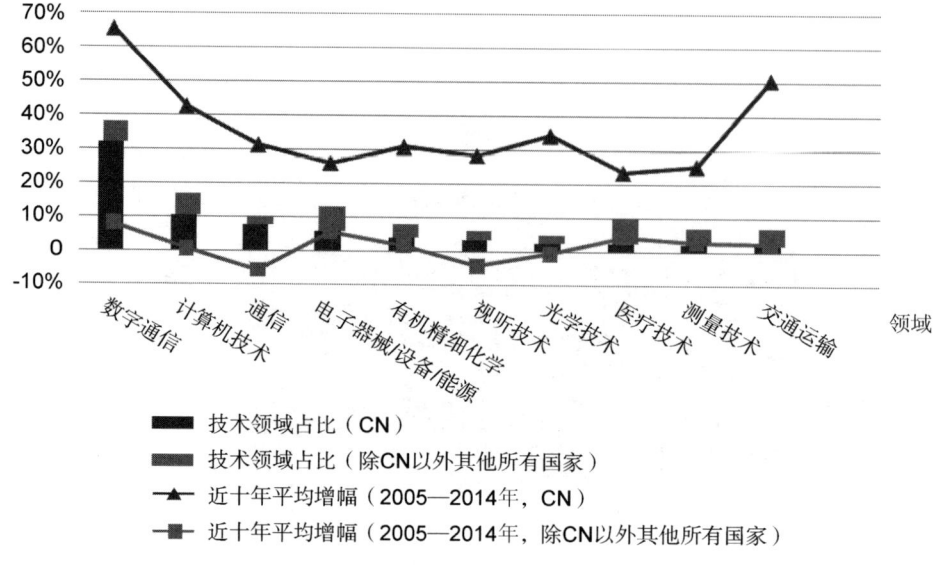

图1-6　中国和他国在欧洲专利局专利申请技术领域占比及十年平均增幅

由图1-6可知，中国在欧洲专利局专利申请占比大的技术领域，其增幅也大，可以预见至少在未来几年来这些领域的专利数量仍将有较大幅度的增长。

三、中国在欧专利申请主要申请人统计

2014年欧洲专利局受理专利申请中，申请人64%来自大企业，30%来自中小企业和个体发明人，6%来自高校和公共研究机构。❶

排名前25位的申请人全部为公司申请，其中11家来自欧洲，6家来自美国，5家来自日本，2家来自韩国，1家来自中国。❷ 韩国的三星公司以2 541件申请成为向欧洲专利局提交专利最多的申请人，随后依次是荷兰飞利浦公司（2 317件）、德国西门子公司（2 133件）、韩国LG公司（1 638件），中国的华为技术有限公司以1 600件排名第五（此外，中国的中兴公司排名第40位）。

---

❶ 数据来源：http：//www.epo.org/about-us/annual-reports-statistics/annual-report/2014/statistics/applicants.html.

❷ 数据来源：http：//www.epo.org/about-us/annual-reports-statistics/annual-report/2014/statistics/applicants.html.

图 1-7 所示为 2014 年中国在欧洲专利局申请量的前 20 强，其门槛为 15 件。除四家高校科研院所外（中国电信、中科院、北大和清华），其余均为公司（纳米研究院全称是纳米和先进材料研究院有限公司）。

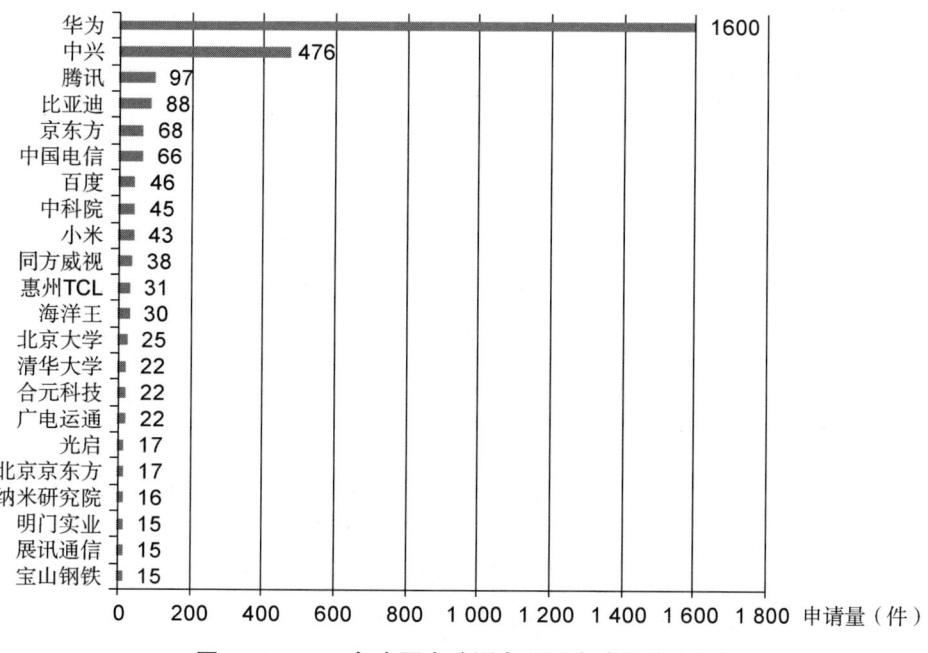

图 1-7　2014 年中国在欧洲专利局申请量前 20 强

数据来源：http://www.epo.org/news-issues/news/2015/20151009.html.

四、中国在欧专利申请的授权情况

根据欧洲专利局发布的数据，2014 年欧洲专利局共授权专利 64 613 件，其中，第一专利权人居所为中国的共计 1 186 件。

表1-1 欧洲专利局授权专利数量（2013—2014年）

来源	2014年授权量（件）	2013年授权量（件）	2014年vs.2013年变化（%）	占2014年授权量（%）
欧洲专利局成员国	33 042	33 608	-1.7	51
美国	14 384	14 880	-3.3	22
日本	11 120	12 135	-8.4	17
中国	1 186	941	26.0	2
韩国	1 891	1 989	-4.9	3
其他	2 990	3 159	-5.3	5
总计	64 613	66 712	-3.1	100

数据来源：http：//www.epo.org/about-us/annual-reports-statistics/annual-report/2014/statistics/granted-patents.html.

由表1-1可以看出，尽管在五局中，来自中国的授权专利数量最少，仅占其授权总量的2%，但是在欧洲专利局授权专利总量下降的情况下，来自美、日、欧、韩的授权专利数量都有不同程度的下降，只有中国保持了较大增幅（尽管增幅大也跟我国在欧洲专利局专利申请基数小有关），较2013年的914件增长了26%。

这说明，中国申请人在向欧洲专利局提交的专利申请数量逐年增长的同时，专利申请的质量也是有保证的，并未盲目追求数量的提升而忽视专利质量，相反更加有的放矢。由图1-8可见，电通信技术领域（H04）的授权专利占据了半壁江山；其次是有机化学领域（C07），约占7%；医学卫生学（A61）约占5%，基本电气元件（H01）、计算/推算/计数领域（G06）以及家具/家用物品设备领域（A47）均约占3%。

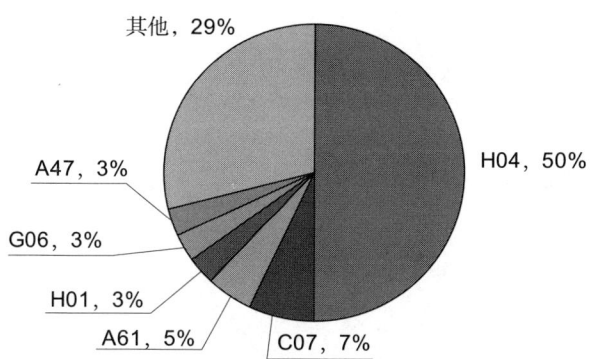

图 1-8　2013 年中国在欧洲专利局授权专利 IPC 分布

数据来源：http：//www.fiveipoffices.org/statistics/statisticaldata/ip5grants2014.xls。

综上所述，中国在欧洲专利局专利申请的特点可以概括为：

第一，起步较晚，申请量和授权量都较小，与我国贸易地位还不相称；但增速快，未来可期。

第二，PCT 途径占据明显优势，3/4 采用 PCT 途径进入欧洲专利局。

第三，以华为和中兴为代表的通信技术类公司在数字通信等相关领域的专利申请数量已在全球范围内居于行业前列。

第二章

欧洲专利概述

第一节 欧洲专利体系

一、欧洲专利公约

(一)《欧洲专利公约》的起源

欧洲是专利制度最早的发源地,从 1474 年威尼斯诞生世界上第一部专利法,到十八九世纪欧洲各国专利法的相继颁布,各国在立法思想上较为接近,为国家法之间的协调及《欧洲专利公约》的最终形成奠定了基础。随着欧洲各国经济、科技的发展,逐渐显露出统一协调欧洲各国专利法,建立一个从申请到授权一体化专利制度的热切愿望。经过几十年的磨合与磋商,终于在 1973 年由欧洲 14 国在德国慕尼黑签订了《欧洲专利公约》,并于 1978 年正式生效。目前适用的《欧洲专利公约》是 2007 年 12 月 13 日正式生效的版本。

(二)《欧洲专利公约》的特点

《欧洲专利公约》是一个欧洲地区国家间专利组织的公约，为各成员国提供了一个共同的法律制度和统一授予专利的程序。根据《欧洲专利公约》授予的专利称为欧洲专利。欧洲专利仅限于发明专利，不包含实用新型。欧洲专利在指定的成员国的效力与成员国依国家法授予的本国专利的效力相同，并受同样的条件约束❶。《欧洲专利公约》仅涉及欧洲专利申请的提出、审查和授权，对于欧洲专利的维持、行使、保护、无效，均由各指定的成员国依照国家法进行。

(三)《欧洲专利公约》的成员国和延伸国

目前，《欧洲专利公约》成员国已达38个，分别是阿尔巴尼亚、奥地利、比利时、保加利亚、塞浦路斯、克罗地亚、捷克、丹麦、爱沙尼亚、芬兰、马其顿、法国、德国、希腊、匈牙利、冰岛、爱尔兰、意大利、拉脱维亚、列支敦士登、立陶宛、卢森堡、马耳他、摩纳哥、挪威、荷兰、波兰、葡萄牙、罗马尼亚、圣马力诺、塞尔维亚、斯洛伐克、斯洛文尼亚、西班牙、瑞典、瑞士、土耳其、英国。

《欧洲专利公约》除了在各成员国适用外，还可以延伸至非《欧洲专利公约》成员国，即延伸国❷。目前延伸国包括波黑、黑山❸。延伸体系与在成员国间执行的指定体系具有高度的相似性，延伸体系不是基于EPC的直接申请而是仅仅基于仿效EPC的国家法。因此，延伸体系以相关国家的国家延伸细则为准。

2015年3月1日起，欧洲专利除了可以在上述38个成员国和2个延伸国生效外，还可以在位于非洲西北部的摩洛哥生效。2015年11月1日起，欧洲专利可以在摩尔多瓦共和国生效。这意味着欧洲发明专利的效力扩展到了42个国家，其中包括38个欧洲专利组织成员国、2个延伸国（波黑和黑山）、摩洛哥和摩尔多瓦。

二、欧洲专利组织

欧洲专利组织根据《欧洲专利公约》建立。欧洲专利组织设有

---

❶ Art. 64（EPC 2000，第64条）。

❷ OJ 1994，75（官方公报 *Official Journal* 1994年第75页）。

❸ OJ 2004，619（BA）；OJ 2010，10（ME）。

欧洲专利局和行政委员会。欧洲专利组织授予专利的任务由欧洲专利局承担，欧洲专利局受行政委员会的监督❶。

欧洲专利局负责落实所有《欧洲专利公约》规定的程序，为实施这些程序，欧洲专利局设有下述7个负责各项特殊程序的部门：

受理部门：负责专利申请的受理及形式审查，还负责公布欧洲专利申请和欧洲专利检索报告；

检索部门：负责为欧洲专利申请撰写检索报告。

审查部门：负责欧洲专利申请的实质审查。审查部门按照不同的技术领域设置。每件欧洲专利申请的审查由三位技术审查员组成的审查组完成，但在作出最后决定之前，通常先由其中一位审查员处理。

异议部门：负责审查针对欧洲专利所提出的异议。异议审查由3位技术审查员组成的异议组完成，其中至少需要有2位没有参加过授予该被异议专利的审查程序的审查员。异议期间所有程序都必须在异议部门。

法律部门：负责欧洲专利的登记以及欧洲专利律师的登记和注销工作。

申诉委员会：负责对不服受理部门、审查部门、异议部门、法律部门等部门所作的决定提出的申诉进行审查。申诉委员会根据不同的申诉内容配置不同的人员。

扩大的申诉委员会：负责对申诉委员会提交的法律问题作出决定，并对欧洲专利局局长提交的法律问题提出意见。扩大的申诉委员会由5位名法律专家和2位技术专家组成。

三、欧洲专利的法律文件

欧洲专利的主要法律文件包括《欧洲专利公约》《欧洲专利公约实施细则》（*Rules of EPC*）、《关于费用的细则》（*RFees*：*Rules relating to Fees*）、《审查指南》（*Guidelines*）、《官方公报》（*Official Journal*，*OJ*）、《伦敦协议》（*London Agreement*）、《与欧洲专利公约相关的成员国国内法》（*National law relating to the EPC*）、《单一专利条例》（*Regulation 1257/2012*）、《关于单一专利翻译规定的条例》（*Regulation 1260/2012*）、《单一专利法院协议》（*Agreement on a Unified Patent Court*）、

---

❶ Art. 4.

《欧洲专利局申诉委员会案例法》(Case Law of the Boards of Appeal of the European Patent Office)、《欧洲专利公约成员国案例法》(Case Law from the Contracting States to the EPC)。

第二节 欧洲专利申请程序

一、受理及形式审查程序

通过任何路径或方式提交至欧洲专利局的申请首先由受理部门进行受理和形式审查。

受理部门在收到申请后首先审查是否可以确定申请日，确定申请日的条件是：(1) 具有获得欧洲专利的意思表示；(2) 表明申请人信息；(3) 提交说明书或援引先前提交申请。

一旦申请日被确定，受理部门审查费用、语言、请求书、发明人的指定、专业代理人的任命、申请文件的形式、优先权声明等。如果受理部门发现需要改正的形式缺陷，则发通知要求申请人改正。若申请人未在规定的期限内作出符合规定的改正，该申请将被视为撤回或驳回。

二、检索程序

形式审查过程中，检索部门也开始进行检索程序。检索报告的起草基于权利要求，并考虑说明书和附图的内容。

如果检索部门认为申请不满足单一性，仅对权利要求中涉及的一个发明主题进行检索。申请人也可以选择在规定期限内缴纳额外检索费以实现检索报告覆盖其他发明。

检索完成后，欧洲专利局将欧洲检索报告发送给申请人。欧洲检索报告列出欧洲专利局对现有技术的检索结果，并附上一份书面意见，同时还附有检索所引用的对比文件。书面意见中含有对专利申请是否满足实质性授权条件（单一性、清楚性、新颖性、创造性等）的详细评述。

申请人在收到欧洲检索报告后，如果认为没有获得专利授权的可能，可以决定撤回申请；如果认为有机会依据检索报告的结果对申请进行修改，则可以继续申请程序。如果申请人决定继续申请程序，则必须在欧洲专利局公布检索报告后 6 个月内缴纳指定费和审查费，提出实质审查请求，并答复检索意见❶（检索意见的结论完全正面时不需要回复，如果检索意见中含有负面结论，则必须答复），以进入实质审查阶段。

三、公布程序

公布程序也由受理部门完成。欧洲专利申请在申请日或最早的优先权日起 18 个月时公布，申请人可以请求提前公布。

公布语言为欧洲专利申请的程序语言。公布内容包含说明书、权利要求、附图、摘要。如果欧洲检索报告已可获得，则作为附件公布（A1 公布）。如果检索报告当时不能获得，则后续进行单独公布（A3 公布）。如果在申请人在收到检索报告后，欧洲专利局的公布技术准备工作完成之前修改了权利要求，则修改后的权利要求将和原始权利要求一起公布。修改后的权利要求也享有临时保护的效力。

公布后的欧洲专利申请在成员国具有临时保护的效力。官方语言非英语、德语或法语的成员国可能规定在将权利要求翻译为其指定的语言之前不具有临时保护效力。❷

四、实质审查程序

在实质审查阶段，欧洲专利局主要围绕申请是否具有新颖性、创造性、单一性，以及申请文件对发明的披露是否清楚来进行审查。

在实质审查程序中，申请人应该针对欧洲专利局的审查意见进行答辩，并在必要时对申请文件进行相应修改。如果申请人未在规定的期限内答复审查意见，将导致申请视为撤回。程序节约原则是欧洲专利局在实质审查程序中的指导原则，因此申请人应针对所有反对意见进行答复。

---

❶ 欧洲专利局在制定检索报告时会附上一份评价申请可专利性的书面意见，该书面意见称为检索意见。

❷ Art. 67.

在审查程序中，申请人可以随时请求进行口审程序。

如果审查组认为不能授权，则该申请被驳回。驳回决定由整个审查组作出并发送。驳回决定中包含驳回的理由。

如果申请被驳回，申请人可以考虑提起申诉。

欧洲专利局认为申请符合授权条件时发出授权意向通知书。申请人收到该通知书后该申请即进入授权公告阶段。

欧洲专利局的授权意向通知书中附有拟授权的专利文本，包括说明书、权利要求和附图。

如果申请人不同意欧洲专利局拟授权的文本，则需要在授权意向通知书送达的 4 个月内对文本进行修改并阐明修改的具体理由。如果欧洲专利局同意修改后的文本，则会重新发出授权意向通知书并附上新的拟授权的文本。如果欧洲专利局不认同修改后的文本，则会继续实质审查。

如果申请人同意欧洲专利局拟授权的文本，则需要在授权意向通知书送达的 4 个月内缴纳授权公告的费用，并提供欧洲专利局另两种官方语言的权利要求的翻译。完成上述所有程序后，欧洲专利局发出授权决定并颁发欧洲专利证书。

第三节　欧洲专利生效程序

一、程序概述

欧洲专利在《欧洲专利公报》上公布后，该专利可在所有指定国生效，前提是申请人在规定期限内在指定国办理生效手续。

欧洲专利进入各成员国的生效程序由各成员国规定，各成员国的生效手续也不完全相同。如果错过生效期限，是否有补救措施，以及补救措施的具体规定也都由各成员国规定。

二、伦敦协议

根据《欧洲专利公约》第 65 条的规定，授权专利的语言不是成员国官方语言之一的,成员国有权要求专利权人在授权公告日起3个月内(除非成员国延长该期限)提交专利文件的译文以及一定期限内(期限由成员国规定)缴纳全部或部分译文的公布费用。

2008年5月1日正式生效的《伦敦协议》旨在简化生效程序的翻译要求,所有的协议缔约国均承诺将大量或整体地免除对专利文件翻译的要求。

伦敦协议的基本思想是:❶

缔约国的官方语言是欧洲专利局官方语言(英语、德语、法语)之一的,完全免除翻译要求。

缔约国的官方语言不是欧洲专利局官方语言(英语、德语、法语)之一的,如果欧洲专利授权语言是缔约国指定的语言,或已翻译为指定语言提交,则进一步的翻译要求应免除;但是缔约国有权要求申请人将权利要求翻译成其本国官方语言。

目前共21个成员国签署了《伦敦协议》。❷ 其中8个缔约国的官方语言是欧洲专利局官方语言(英语、德语或法语)之一,另外13个缔约国的官方语言不是欧洲专利局官方语言之一。

(一)官方语言是欧洲专利局官方语言之一的国家

德国、英国、法国、爱尔兰、瑞士、列支敦士登、卢森堡、摩纳哥8个缔约国官方语言是欧洲专利局官方语言之一。根据《伦敦协议》,欧洲专利授权后不需要翻译。不过一般仍需要到生效国的专利机构登记欧洲专利在该国的代理人或联系人地址,以负责转交与欧洲专利在该国相关的通知。

(二)官方语言不是欧洲专利局官方语言之一的国家

官方语言不是欧洲专利局官方语言之一的13个缔约国均明确了其翻译要求。13个《伦敦协议》缔约国的权利要求译文及欧洲专利授权文本译文的要求如表2-1所示。

---

❶ http://www.epo.org/law-practice/legal-texts/london-agreement.html.

❷ http://www.epo.org/law-practice/legal-texts/london-agreement/status.html.

表 2-1　官方语言非欧洲专利局官方语言之一的 13 个缔约国的翻译要求

缔约国	权利要求译文	欧洲专利授权文本译文
阿尔巴尼亚	阿尔巴尼亚语	英语
克罗地亚	克罗地亚语	英语
丹麦	丹麦语	英语、丹麦语
芬兰	芬兰语	英语、芬兰语
马其顿	马其顿语	马其顿语
匈牙利	匈牙利语	英语、匈牙利语
冰岛	冰岛语	英语、冰岛语
拉脱维亚	拉脱维亚语	拉脱维亚语
立陶宛	立陶宛语	立陶宛语
荷兰	荷兰语	英语、荷兰语
瑞典	瑞典语	英语、瑞典语
斯洛文尼亚	斯洛文尼亚语	斯洛文尼亚语
挪威	挪威语	英语

第四节　申诉、异议、限制和撤销、无效程序

申请人对受理部门、审查部门、异议部门、法律部门的决定不服的，可以向申诉委员会提交申诉请求。

任何人都可以在欧洲专利授权公告后的 9 个月内提起异议。社会公众可以通过欧洲专利局统一的异议程序❶请求启动异议程序，异议的结果对欧洲专利局所有成员国有效。异议由欧洲专利局的异议部门审查并作出最终决定。异议决定分三种：维持专利、撤销专利、驳回异议。对异议决定不服的，专利权人和异议人都可以向申诉委员会提起申诉请求。

---

❶ 《欧洲专利公约》第 99 条。

专利权人任何时候都可以向欧洲专利局请求限制或撤销其专利，❶ 限制和撤销的最终决定由欧洲专利局作出。

社会公众只能在生效国请求启动无效程序。欧洲专利在生效国可能被部分或全部无效。无效审查的结果只对该生效国有效。

第五节　欧洲单一专利

2013年2月19日，欧盟24个成员国的部长于布鲁塞尔就设立单一专利法院（Unified Patent Court，UPC），签署了协议，为单一专利（Unitary Patent）在欧洲的实施铺平了道路。欧洲议会已于2012年12月11日通过了两项关于欧洲单一专利的条例草案❷：一个是有关单一专利的保护，即欧盟第1257/2012号条例；另一个是有关单一专利的语言机制，即欧盟第1260/2012号条例。上述两个文件与单一专利法院协议一起组成了实现单一专利的法律文件基础。单一专利法院协议❸将于包括法国、德国和英国在内的13个欧盟成员国批准后正式生效。

欧洲单一专利体系下，欧洲专利局的职责是：审查单一专利请求并注册单一专利效力；成立并管理一个新的"单一专利注册保护"机构；统一收取单一专利年费。

一、欧洲单一专利的特点

欧洲单一专利也源自按照《欧洲专利公约》获得授权的欧洲专利，其授权程序及授权条件和传统欧洲专利相同。自授权公告起一个月内，权利人可以向欧洲专利局请求获得欧洲单一专利，以在参与单一专利项目的25个成员国内具备统一效力，而不需要分别去各个成员国生效。单一专利的年费也将集中由欧洲专利局管理，而不是像现在一样在授权之后分别由各个成员国的专利机构管理。

在欧洲单一专利实行后，高质量的机器翻译将能够自动呈现不同语言的专利内容。欧洲专利局"Patent Translate"专利文件机器翻译

---

❶ EPC Art. 105a.
❷ http://www.epo.org/law-practice/unitary/unitary-patent.html.
❸ http://www.epo.org/law-practice/unitary/patent-court.html.

服务目前已经覆盖欧洲专利组织 38 个成员国的全部 28 种官方语言，以及中文、日文、韩文和俄文。在该自动翻译系统得到完善之前的过渡期（最长 12 年）内，若在欧洲专利局使用的程序语言是法语或德语，则专利权人还要提供说明书的完整英文翻译；若使用的程序语言是英语，则专利权人还要将说明书翻译为另一种官方语言。

欧洲单一专利实行后，将与各成员国国家专利和传统的欧洲专利并存。对于没有参与单一专利的欧洲专利公约其他成员国，在这些国家的专利保护仍可以通过获得成员国国家专利或通过欧洲专利授权后分别去成员国生效来实现。

二、欧洲单一专利法院

已经签署的《单一专利法院协议》将设立一个专门法院"单一专利法院"，来处理传统欧洲专利及将来的欧洲单一专利相关的诉讼事务。单一专利法院将包括一个一审法院、一个上诉法院以及一个注册处。一审法院将包括一个中央庭（设于巴黎）。中央庭将于伦敦和慕尼黑设立两个分庭和若干位于各成员国的地方庭和地区庭。上诉法院将设于卢森堡。这一举措将极大地改善当前由各国国内法院和机构就欧洲专利的侵权及效力问题各自裁决的状况。

根据《单一专利法院协议》第 32 条第 1 款，欧洲单一专利法院的专属管辖范围包括：

（1）因专利和补充保护证书的实际或威胁迫近的侵权而提起的诉讼及相关辩护答辩，包括涉及许可的反诉；

（2）要求确认不侵犯专利及补充保护证书权利的诉讼；

（3）要求签发临时措施、保全措施和临时禁令的诉讼；

（4）要求宣告专利无效及宣告补充保护证书无效的诉讼；

（5）要求宣告专利无效及宣告补充保护证书无效的反诉；

（6）要求基于公开的欧洲专利申请所赋予的临时保护的损害赔偿或补偿的诉讼；

（7）与在专利授权前对发明的使用或与在先使用权相关的诉讼；

（8）要求根据欧盟第 1257/2012 号条例有关单一专利保护第 8 条支付许可费的诉讼；

（9）涉及欧洲专利局基于欧盟第 1257/2012 号条例有关单一专利保护第 9 条中所作出的决定的诉讼。

第三章

欧洲专利获权程序中的常见问题

第一节　关于提交申请的常见问题

一、传统欧洲专利申请的提交

（一）申请路径选择

当申请人希望在一个或多个 EPC 成员国寻求专利保护时，可以利用希望获得授权的成员国的国家程序或欧洲程序。国家程序即直接向目标国提出专利申请，欧洲程序则是向欧洲专利局提出专利申请，并指定目标国。欧洲程序是一个单一程序，可以在指定的所有成员国获得保护。下面简要介绍影响选择欧洲程序和国家程序的法律因素和经济因素。

1. 影响路径选择的法律因素

欧洲专利在经过实质审查后授权。欧洲专利局审查欧洲专利申请的发明内容是否符合 EPC 可专利性的要求,这些要求不仅仅是欧洲专利授权的基础,也是成员国法庭评估其有效性的基础。❶ 此外,在 EPC 框架下,欧洲专利在所有成员国的保护范围是一致的。因此欧洲专利具有统一的措辞和统一的保护范围并且具有高度的有效性推定,这就是欧洲专利在法律层面的优势。

虽然在可专利性要求方面,成员国的专利法已经广泛与 EPC 一致,但是由于各成员国的授权程序设置不同,并且由不同的国家各自处理,国家程序通常具有不同的保护范围,这就是直接利用国家程序的弊端。

2. 影响路径选择的经济因素

如果在欧洲程序中申请由一个代理人代理,并且基于一种语言,则欧洲程序的所有花费最多是国家程序花费的 3—4 倍。❷ 欧洲程序中的费用是阶段性收费,❸ 每个阶段申请人可以基于已完成的程序决定是否继续进行后续程序并缴纳下一阶段的费用。尤其是检索程序和实审程序的分离可以使申请人根据检索报告的结果决定是否值得进行实审程序。

欧洲专利从提交到授权大概需要 3—5 年。❹ 在特定情形下,申请人可能希望加快程序,欧洲专利局将基于欧洲专利申请加快程序的规则尽力减少正常的处理时间。

欧洲程序的官方语言是英语、德语、法语,具体选择取决于申请人的申请语言或者翻译的申请语言。在欧洲程序中,通常要求申请人提交一些翻译文件,并向欧洲专利局提供权利要求另两种官方语言的翻译本。一些成员国要求申请人将说明书或者权利要求翻译为其本国的官方语言。

通过上述法律因素和经济因素的分析,在路径选择方面需要根据实际情况制定收益最大化的策略。如果需要在欧洲地区多个国家获得专利保护,建议利用欧洲程序;如果仅在少于三个国家获得专利保护,则可以直接利用国家程序。

如果申请人决定利用欧洲程序,则可以选择直接欧洲路径或者 Euro-PCT 路径。直接欧洲路径的整个欧洲专利授权程序均由 EPC 单

---

❶ Art. 69, 138.
❷ How to Get a European Patent Guide for Applicants Part 1 October 2013 (14th edition), page 14.
❸ RFees Art. 2.
❹ How to Get a European Patent Guide for Applicants Part 1 October 2013 (14th edition), page 14.

独管理，Euro-PCT 路径授权的第一阶段（国际阶段）归《专利合作条约》（PCT）管理，欧洲专利局作指定局或选定局的国家阶段由 EPC 管理。直接欧洲路径的申请称为 EP 申请，Euro-PCT 路径的申请称为 Euro-PCT 申请。

（二）提交申请文件的地址

申请人可以提交欧洲专利申请至欧洲专利局或成员国的主管当局。❶ 需要注意的是，分案申请必须直接提交到欧洲专利局。❷

提交欧洲专利申请至欧洲专利局的，可以提交至位于慕尼黑的欧洲专利局总部或欧洲专利局位于海牙或柏林的分部，但不能提交至欧洲专利局位于维也纳的子办公室（因为该办公室不接收申请文件）。欧洲专利局接收文件的地址、工作时间以及寄交地址详见表3-1。

表3-1 欧洲专利局接收文件的地址及工作时间

受理部门	面交地址和联系方式	工作时间*	寄交地址
慕尼黑	European Patent Office Bob-van-Benthem-Platz 1 (formerly Erhardtstrasse 27) 80469 Munich Germany Tel.：+49 (0) 89 2399-4500 Fax：+49 (0) 89 2399-4465	周一至周四： 8：00—16：45 周五： 8：00—15：30	European Patent Office 80298 Munich Germany
海牙	European Patent Office Branch at The Hague Patentlaan 2 2288 EE Rijswijk Netherlands Tel.：+31 (0) 70 340-4500 Fax：+31 (0) 70 340-3016	周一至周五： 8：00—18：00	European Patent Office Postfach 5818 2280 HV Rijswijk Netherlands

❶ Art. 75 (1), (2).
❷ Art. 76 (1).

续表

受理部门	面交地址和联系方式	工作时间*	寄交地址
柏林	European Patent Office Gitschiner Strasse 103 10969 Berlin Germany Tel.：+49（0）30 25901-4500 Fax：+49（0）30 25901-840	周一至周五： 10：00—12：00	European Patent Office 10958 Berlin Germany

* 表中工作时间为当地时间。

资料来源：Special edition No. 3，OJ EPO 2007，A. 2.

如果成员国法律允许，申请人还可以提交欧洲专利申请至成员国的中央工业产权局或其他主管机关。成员国主管当局的地址在"与 EPC 相关的国家法律"第二部分"Ⅱ. 欧洲专利申请的提交"中规定，在该部分还可以查询到各成员国的其他要求，例如，是否可以选择向欧洲专利局或该局提交申请，什么情形下要求必须向成员国提交欧洲申请等。

提交至成员国的详细信息见表 3-2。

表 3-2　向成员国提交欧洲申请的基本信息

成员国/ 延伸国	基本信息	是否可选择向欧洲专利局或该局提交申请	必须向该局提交的欧洲申请
阿尔巴尼亚	General Directorate of Patents and Trademarks（GDPT） Drejtoria e Përgjithshmes e Patentave dhe Markave Bulevardi "Gjergj Fishta" Godina Nr. 10, Kati V TIRANA Tel. +355 4 22 34 412 Fax +355 4 22 34 412 www. dppm. gov. al mailinf@ dppm. gov. al	是	申请人国籍、居所或营业场所是阿尔巴尼亚，且申请涉及国家安全

续表

成员国/延伸国	基本信息	是否可选择向欧洲专利局或该局提交申请	必须向该局提交的欧洲申请
奥地利	Österreichisches Patentamt Dresdner Str. 87 Postfach 95 1200 WIEN Tel. +43 1 53424-0 Fax +43 1 53424-535 www.patentamt.at	是	—
比利时	Office de la Propriété Intellectuelle auprès du Service public fédéral Économie, PME, Classes moyennes et Énergie City Atrium 50, rue du Progrès 1210 BRUXELLES Tel. +32 2 2779011 Fax +32 2 2775262 http://economie.fgov.be/opri-die.jsp piie_dir@economie.fgov.be	是	申请人国籍、居所或营业场所是比利时，且申请涉及国家安全
保加利亚	Patentno vedomstvo na Republica Bulgaria（Bulgarian Patent Office） 52B, Dr. G. M. Dimitrov Blvd. 1040 SOFIA Tel. +359 2 9701302 Fax +359 2 8708325, 8735258 www.bpo.bg/index.php?lang=en	是	申请人在保加利亚有永久居所或者营业场所的，必须向保加利亚专利局提交欧洲专利申请。如果作为欧洲专利申请优先权基础的申请是向保加利亚专利局提交的，则可以直接向欧洲专利局提交

续表

成员国/延伸国	基本信息	是否可选择向欧洲专利局或该局提交申请	必须向该局提交的欧洲申请
克罗地亚	Državni Zavod Za Intelektualno Vlasništvo (State Intellectual Property Office of the Republic of Croatia) Ulica grada Vukovara 78 10000 ZAGREB Tel. +385 1 6106111, 6106100 Fax +385 1 6112017 www.dziv.hr info@dziv.hr	是	涉及国家安全的申请
塞浦路斯	Department of Registrar of Companies and Official Receiver Ministry of Energy, Commerce, Industry and Tourism Corner Makarios III Ave. and Karpenisiou St., XENIOS Building 1427 NICOSIA Tel. +357 22 404301, 404302 Fax +357 22 304887 www.mcit.gov.cy/drcor deptcomp@drcor.mcit.gov.cy	是	申请人国籍是塞浦路斯的，必须向塞浦路斯专利局提交欧洲专利申请。如果欧洲专利申请的优先权是向塞浦路斯专利局提交的，则可以直接向欧洲专利局提交
捷克	Industrial Property Office Antonína Čermáka 2a 160 68 PRAHA 6 Tel. +420 2 20383111 Fax +420 2 24724718 www.upv.cz posta@upv.cz	是	申请含有必须经过国家安全审查的内容

续表

成员国/延伸国	基本信息	是否可选择向欧洲专利局或该局提交申请	必须向该局提交的欧洲申请
丹麦	Patent-og Varemærkestyrelsen Helgeshøj Allé 81 2630 TAASTRUP Tel. +45 43 508000 Fax +45 43 508001 www.dkpto.dk pvs@dkpto.dk	是	发明涉及战争材料或战争材料的制造方法，且申请人居所为丹麦或者申请人是丹麦的机构的，必须向丹麦专利商标局提交
爱沙尼亚	Patendiamet Estonian Patent Office Toompuiestee 7 15041 TALLINN Tél. +372 6277900 Fax +372 6451342 www.epa.ee patendiamet@epa.ee	是	—
芬兰	Patentti-ja rekisterihallitus P.O. Box 1160 Arkadiankatu 6 A 00100 HELSINKI Tel. +358 29 5095000 Fax +358 29 5095328 www.prh.fi registry@prh.fi	是	申请涉及国防安全，且申请人的居所或营业场所在芬兰

续表

成员国/延伸国	基本信息	是否可选择向欧洲专利局或该局提交申请	必须向该局提交的欧洲申请
马其顿	State Office of Industrial Property（SOIP） 11 Oktomvri 25 1000 SKOPJE Tel. +389 2 3103601 Fax +389 2 3137149 www.ippo.gov.mk mail@ippo.gov.mk	是	涉及国家安全的申请
法国	Institut national de la propriété industrielle（INPI） 15 rue des Minimes CS50001 92677 COURBEVOIE CEDEX Tel. in France：0820 210 211 Tel. from abroad：+33 1 71087163 www.inpi.fr contact@inpi.fr	是	居所或营业场所在法国的申请人必须向法国专利局提交，除非声明作为优先权基础的申请是法国专利申请
德国	Deutsches Patent-und Markenamt 80297 MÜNCHEN Tel. +49 89 2195-0 Fax +49 89 2195-2221 Deutsches Patent-und Markenamt Dienststelle Jena 07738 JENA Tel. +49 3641 40-54 Fax +49 3641 40-5690 Deutsches Patent-und Markenamt	是	涉及国家安全的申请

续表

成员国/延伸国	基本信息	是否可选择向欧洲专利局或该局提交申请	必须向该局提交的欧洲申请
德国	Technisches Informationszentrum Berlin 10958 BERLIN Tel. +49 30 25 992-0 Fax +49 30 25 992-404 www.dpma.de	是	涉及国家安全的申请
希腊	Organismos Biomichanikis Idioktisias（OBI） （Industrial Property Organisation（OBI）） 5，Gianni Stavroulaki St. 151 25 Paradissos Amaroussiou Tel. +30 210 6183508，6183548 Fax +30 210 6819231 www.obi.gr info@obi.gr	是	申请人是希腊人，且未声明希腊申请作为优先权
匈牙利	Szellemi Tulajdon Nemzeti Hivatala （Hungarian Intellectual Property Office，HIPO） Garibaldi u. 2 1054 BUDAPEST Tel. +36 1 312 44 00 Fax +36 1 474 5534 www.hipo.gov.hu sztnh@hipo.gov.hu	是	申请人的国籍或居所是匈牙利的，必须向匈牙利知识产权局提交欧洲专利申请。除非要求了一个2个月前向匈牙利知识产权局提交的申请的优先权，且匈牙利知识产权局认为不涉及国家安全

续表

成员国/延伸国	基本信息	是否可选择向欧洲专利局或该局提交申请	必须向该局提交的欧洲申请
冰岛	Icelandic Patent Office Engjateigur 3 150 REYKJAVIK Tel. +35 4 580-9400 Fax +35 4 580-9401 www. els. is postur@ els. is	是	—
爱尔兰	Patents Office Government Buildings Hebron Road KILKENNY Tel. +353 56 7720111 Fax +353 56 7720100 www. patentsoffice. ie patlib@ patentsoffice. ie	是	—
意大利	Ufficio Italiano Brevetti e Marchi（UIBM） Ministero dello Sviluppo Economico Via Molise 19 00187 ROMA Tel. +39 06 4705-5643 Fax +39 06 4705-5632, 4705-5635 www. uibm. gov. it contactcenteruibm@ sviluppoeconomico.gov.it	是	申请人居所或营业场所是意大利的欧洲首次申请，必须向意大利专利局提交

续表

成员国/延伸国	基本信息	是否可选择向欧洲专利局或该局提交申请	必须向该局提交的欧洲申请
拉脱维亚	Patent Office of the Republic of Latvia Citadeles iela 7（70） 1010 RIGA Tel. +371 6 7099600 Fax +371 6 7099650 www. lrpv. gov. lv valde@ lrpv. gov. lv	是	—
列支敦士登	同瑞士	—	—
立陶宛	The State Patent Bureau of the Republic of Lithuania Kalvariju g. 3 09310 VILNIUS Tel. +370 5 2780250 Fax +370 5 2750723 www. vpb. gov. lt spb@ vpb. gov. lt	是	申请涉及专业秘密或国家秘密
卢森堡	Ministère de l'Economie et du Commerce extérieur Office de la Propriété Intellectuelle 2914 LUXEMBOURG Tel. +352 247-84113 Fax +352 22 26 60 www. eco. public. lu dpi@ eco. etat. lu	是	申请涉及国家安全

续表

成员国/延伸国	基本信息	是否可选择向欧洲专利局或该局提交申请	必须向该局提交的欧洲申请
马耳他	Intellectual Property Registrations Directorate Commerce Department Ministry for the Economy, Invest-ment and Small Business (Malta) Lascaris VALLETTA, VLT 1933 Tel. +356 2569 0230, 2122 6688 Fax +356 2569 0338 www. commerce. gov. mt ipoffice@ gov. mt	是	申请涉及国家安全。除非声明的作为优先权基础的申请是在马耳他提交的首次申请
摩纳哥	Direction de l'Expansion Economique Division de la Propriété Intellectuelle 9 Rue du Gabian 98000 MONACO Tel. +377 98989801 Fax +377 92057520 mcpi@ gouv. mc	是	—
荷兰	Octrooicentrum Nederland (Netherlands Patent Office) P. O. Box 10366 2501 HJ Den Haag Tel. +31 88 602 66 60 Fax +31 88 602 90 24 www. rvo. nl/octrooien octrooien@ rvo. nl	否；欧洲专利申请必须向欧交洲专利局提交	申请涉及国防安全

续表

成员国/延伸国	基本信息	是否可选择向欧洲专利局或该局提交申请	必须向该局提交的欧洲申请
挪威	Norwegian Industrial Property Office（NIPO） Patentstyret Postboks 8160 Dep. 0033 OSLO Tel. +47 22 387300 Fax +47 22 387301 www.patentstyret.no	是	申请涉及战争材料、制作战争材料的方法，如果要在挪威获得专利权，则必须向挪威工业产权局提交
波兰	Urząd Patentowy RP (Patent Office of the Republic of Poland) Al. Niepodległości 188/192 P.O. Box 203 00-950 WARSZAWA Tel. +48 22 5790000 Fax +48 22 5790001 www.uprp.pl	是	首次申请，且申请人是波兰的国民或居民
葡萄牙	Instituto Nacional da Propriedade Industrial（INPI） Campo das Cebolas 1149-035 LISBOA Tel. +351 21 8818100 Fax：+351 21 8869859 www.inpi.pt atm@inpi.pt	是	居所或营业场所在葡萄牙的申请人必须向葡萄牙工业产权局提交，除非声明的优先权是葡萄牙专利申请

第三章 欧洲专利获权程序中的常见问题

续表

成员国/延伸国	基本信息	是否可选择向欧洲专利局或该局提交申请	必须向该局提交的欧洲申请
罗马尼亚	State Office for Inventions and Trademarks（OSIM） 5，Ion Ghica Street 030044 BUCUREŞTI 3 Tel. + 40 21 3060－800，3060－801，3060－802，....，3060－829；037 282 59 70 Fax +40 21 3123819 www.osim.ro office@osim.ro	是	在罗马尼亚境内完成的涉及罗马尼亚国家安全的欧洲专利申请，必须向罗马尼亚发明和商标局提交
圣马力诺	Ufficio di Stato Brevetti e Marchi（USBM） Repubblica di San Marino Via 28 Luglio，212 47893 Borgo Maggiore B4 Rep. San Marino Tel. +378 0549 88 38 59 Fax +378 0549 88 38 56 www.usbm.sm info.brevettiemarchi@pa.sm	是	—
塞尔维亚	Intellectual Property Office Kneginje Ljubice 5 11000 BEOGRAD Tel. +381 11 20 25 800 Fax +381 11 311 23 77 www.zis.gov.rs zis@zis.gov.rs	是	—

续表

成员国/延伸国	基本信息	是否可选择向欧洲专利局或该局提交申请	必须向该局提交的欧洲申请
斯洛伐克	Úrad priemyselného vlastníctva Slovenskej republiky Švermova 43 974 04 BANSKÁ BYSTRICA 4 Tel. +421 48 4300-131 Fax +421 48 4132563 www.indprop.gov.sk podatelna@indprop.gov.sk	是	申请涉及国家和国防安全，且申请人的国籍或居所是斯洛伐克
斯洛文尼亚	Slovenian Intellectual Property Office (SIPO) Kotnikova 6 p.p. 206 1000 Ljubljana Tel. +386 1 6203100 Fax +386 1 6203111 www.uil-sipo.si	是	—
西班牙	Oficina Española de Patentes y Marcas Paseo de la Castellana, 75 28046 MADRID Tel. +34 902 157530 Fax +34 91 3495597 www.oepm.es informacion@oepm.es	是	公司总部、国籍、居所或营业场所在西班牙的申请人必须向西班牙专利商标局提交，除非声明作为优先权基础的申请是西班牙专利申请

续表

成员国/延伸国	基本信息	是否可选择向欧洲专利局或该局提交申请	必须向该局提交的欧洲申请
瑞典	Patent-och registreringsverket Box 5055 102 42 STOCKHOLM Tel. +46 8 7822500 Fax +46 8 6660286 www.prv.se prv@prv.se	是	涉及国家安全的申请，申请人国籍、居所是瑞典的，必须向瑞典专利和注册局提交欧洲专利申请，或者向国家安全审查委员会提交
瑞士	Swiss Federal Institute of Intellectual Property（IPI） Stauffacherstr. 65/59g 3003 BERN Tel. +41 31 3777777 Fax +41 31 3777778 www.ige.ch	是	—
土耳其	Türk Patent Enstitüsü （Turkish Patent Institute（TPI）） Hipodrom Cad. No：115 06330 YENIMAHALLE-ANKARA Tel. +90 312 3031000 Fax +90 312 3031220 www.turkpatent.gov.tr or www.tpe.gov.tr	是	在土耳其境内完成且涉及国家安全的申请

续表

成员国/延伸国	基本信息	是否可选择向欧洲专利局或该局提交申请	必须向该局提交的欧洲申请
英国	Intellectual Property Office（IPO） Concept House Cardiff Road NEWPORT South Wales NP10 8QQ Tel. +44 1633 814000 Fax +44 1633 81 7777 or Intellectual Property Office（IPO） London Branch Office 1st Floor 4 Abbey Orchard Street LONDON SW1P 2HT www.gov.uk/government/organisations/intellectual-property-office information@ipo.gov.uk	是	申请人的居所在英国，且申请中涉及军事技术、国家安全，必须向英国知识产权局提交欧洲专利申请，除非：在向外提交欧洲专利申请6个月之前已向英国知识产权局就相同的发明创造提出了专利申请，且英国知识产权局未禁止该申请向外提交；相同的申请已有外国人在国外提交了首次申请；英国知识产权局提供允许向外申请的书面授权

资料来源：《与欧洲专利公约相关的成员国国内法》第Ⅱ章，表中数据信息更新至2016年4月20日。

（三）提交文件的方式

1. 提交申请文件的四种方式

申请文件必须书面提交，而且由于欧洲专利局使用自动扫描系统来获取欧洲专利申请，申请文件务必使用计算机可读字体。

提交申请有电子提交、面交、邮寄或传真四种提交方式。[1] 目前不能通过电子邮件、电报、电传或者图文电视的方式向欧洲专利局提交欧洲专利申请。

---

[1] R. 1, R. 2, R. 35 (1); Guid. A-II, 1.

电子提交是使用欧洲专利局免费提供的软件制作电子文件，通过在线提交或物理载体提交（包括 CD-R、DVD-R、DVD+R 三种物理载体格式）。❶ 80%以上的欧洲专利申请是在线提交的电子申请。在成员国的主管当局允许的情形下，也可以直接向其提交电子形式的欧洲专利申请。不论是提交到欧洲专利局还是成员国的主管当局，电子提交申请的申请费用都会有所减免。

如果不使用在线提交的方式，申请人可以通过面交、寄交的方式向欧洲专利局和成员国的主管当局提交申请。如果申请人面交至欧洲专利局，但是错过了欧洲专利局受理部门的工作时间，申请人可以将申请直接投入受理部门设置的自动邮筒。

申请人可以通过传真方式向欧洲专利局和成员国的主管当局提交申请。❷ 传真方式提交的申请不需要提交传真确认本，除非因传真文件质量低等欧洲专利局要求申请人提交确认文件。当提交确认文件时，申请人应该明确指出文件构成"传真文件×××的确认文件"。如果申请人被欧洲专利局要求提交传真确认文件，必须在规定的 2 个月期限内提交，且该期限不可延长。如果申请人未在期限内提交，该文件将被视为未收到。并非所有成员国均接受传真方式提交申请，目前接收传真申请的成员国有奥地利、比利时、保加利亚、捷克、丹麦、芬兰、法国、德国、希腊、冰岛、爱尔兰、列支敦士登、卢森堡、摩纳哥、挪威、波兰、葡萄牙、圣马力诺、斯洛伐克、斯洛文尼亚、西班牙、瑞典、瑞士、英国和爱沙尼亚。

各成员国对是否接受传真申请和电子申请均有各自的规定，各成员国的情况如表 3-3 所示。

表 3-3　各成员国关于欧洲申请提交方式的特殊规定

成员国/延伸国	提交方式
阿尔巴尼亚	—
奥地利	可以传真提交申请； 可以电子提交申请

---

❶ Guid A-Ⅱ, 1.3；OJ 2009, 182,；OJ 2012, 448.
❷ Special edition No. 3, OJ 2007, A.3；Guid. A-Ⅱ, 1.2.

续表

成员国/延伸国	提交方式
比利时	可以传真提交申请，但应在 1 个月内提交传真原件； 可以电子提交申请，电子申请提交地址： http://bpp.economie.fgov.be/bpp-portal/fr/web/guest/efiling
保加利亚	可以传真提交申请
克罗地亚	不允许传真提交申请
塞浦路斯	不以希腊语提交的欧洲申请必须在 2 个月内提交译文
捷克	可以传真提交申请
丹麦	可以通过丹麦专利商标局的在线提交系统提交，电子申请提交地址：www.dkpto.dk Online filing
爱沙尼亚	可传真提交； 也可以通过爱沙尼亚专利局在线提交系统提交，电子申请提交地址：https://online.epa.ee/
芬兰	可以传真提交申请； 可以通过欧洲专利局的在线提交系统向芬兰国家专利与注册委员会提交申请
马其顿	—
法国	可以通过传真提交申请（传真号：+33 1 56658600）； 可以通过欧洲专利局的在线提交系统向法国专利局提交申请
德国	可以传真提交申请； 可以通过德国专利商标局提供的免费电子提交软件提交电子申请，也可以通过欧洲专利局提供的在线提交软件的德国模块向德国专利商标局提交电子申请。电子申请可以在线提交或者通过物理载体提交
希腊	可以传真提交申请
匈牙利	不允许传真提交申请； 可以电子提交申请，电子提交唯一地址： https://ugyintezes.hipo.gov.hu/eBej2/Step1Case1.page
冰岛	可以传真提交申请； 可以通过欧洲专利局的在线提交系统向冰岛专利局提交申请
爱尔兰	可以传真提交申请
意大利	—

续表

成员国/延伸国	提交方式
拉脱维亚	不允许传真提交申请； 不允许电子提交申请
列支敦士登	可以传真提交申请
立陶宛	不允许传真提交申请； 不允许电子提交申请
卢森堡	可以传真提交申请
马耳他	不允许传真提交申请； 不允许电子提交申请
摩纳哥	可以传真提交申请
荷兰	欧洲专利申请必须向欧洲专利局提交，不能向荷兰专利局提交
挪威	可以传真提交申请
波兰	可以传真提交申请，必须在30天内提交确认本； 可以电子提交申请
葡萄牙	可以传真提交申请； 可以电子提交申请
罗马尼亚	不允许传真提交申请
圣马力诺	可以传真提交申请； 可以直接通过 USBM 提交欧洲申请
塞尔维亚	不允许传真提交申请； 不允许电子提交申请
斯洛伐克	可以传真提交申请； 可以使用欧洲专利局在线提交系统向斯洛伐克提交电子申请
斯洛文尼亚	可以传真提交申请
西班牙	可以传真提交申请； 可以使用西班牙专利商标局提供的 ES-EOLF V5.0 软件在线提交申请
瑞典	可以传真提交申请； 可以使用欧洲专利局在线提交系统在线提交申请
瑞士	可以传真提交申请
土耳其	—

续表

成员国/延伸国	提交方式
英国	可以传真提交申请； 已在英国知识产权局注册的用户可以使用欧洲专利局在线提交系统在线提交申请

数据来源：《与欧洲专利公约相关的成员国国内法》第Ⅱ章，表中数据信息更新至 2016 年 4 月 20 日。

2. 收到日的确定

以电子提交或者邮寄、传真等方式提交的，申请日为欧洲专利局的收到日。面交或者交至欧洲专利局的自动邮筒的，提交当日即为申请日。❶ 该规则同样适用于成员国的主管当局。❷

3. 回执的发送

接收申请的主管当局会尽快将请求书 1001 表❸第 8 页作为回执发送给申请人，在该页记载申请文件的收到日和申请号。❹

以电子方式提交的申请，如果申请人是在线提交的，回执将在提交程序中以电子方式告知收悉；如果申请人是通过 CD-R、DVD-R 或者 DVD+R 提交的，回执将通过邮寄的方式告知收悉。

对于传真提交的申请，如果申请人请求，欧洲专利局也将发出传真回执确认已经收到申请人的文件，但必须满足三个前提：申请人随申请文件附上了传真回执的请求；申请人指明了接收回执的邮政地址或者传真地址；申请人提供了支付行政费用的证据或者附上了借记卡号。

如果一份申请是提交至国家主管当局再转发给欧洲专利局的，欧洲专利局将据此再次发送给申请人一份签收文件，上面载有欧洲专利局签收时间（请求书 1001 表❺第 8 页）。❻ 申请人收到此文件后，后续所有的文件都应该直接向欧洲专利局提交。

---

❶ Art. 80，R. 40；OJ 1992，306.
❷ OJ 2009，182.
❸ 欧洲专利局制定的欧洲专利申请标准请求书表格，下载地址：http://www.epo.org/applying/forms-fees/forms.html。
❹ OJ 2009，182；R. 35 (2)；Guid A-Ⅱ，3.1；OJ 1992，306，310.
❺ 欧洲专利局制定的欧洲专利申请标准请求书表格，下载地址：http://www.epo.org/applying/forms-fees/forms.html。
❻ R. 35 (3)；Guid. A-Ⅱ，3.2；OJ 1990，306.

4. 成员国转交申请至欧洲专利局

成员国对于明显不涉密的申请，在收到申请后 6 周内传送欧洲专利局。对于需要进一步审查是否涉密的申请，该期限延长至收到申请后 4 个月，或者优先权日起 14 个月（要求了优先权的情形）。❶ 尽管如此，如果位于慕尼黑、海牙或柏林的欧洲专利局受理部门在提交日起 14 个月内（或优先权日起 14 个月内）收到成员国转交的申请，哪怕申请超出规定的 6 周或 4 个月的期限，申请仍将正常处理。

一类非常罕见的情况是，因国家安全等情况，提交至成员国主管当局的申请在提交后 14 个月或自最早的优先权日起 14 个月内申请未到达欧洲专利局，则申请被视为撤回，申请人已支付的所有费用都将退还给申请人。因这种特殊情形并非申请人未遵守时间期限，因此恢复优先权和继续处理程序并不适用，此时申请人可以请求将其申请转为成员国的国家申请。在这种特殊情形下，欧洲专利局将通知申请人。收到欧洲专利局的通知之后，申请人可以将其欧洲专利申请转为国家申请。如果申请人希望将欧洲申请转为国家申请，则申请人必须在收到欧洲专利局书面通知后的 3 个月内，向其提交申请的国家主管局提交将欧洲申请转为国家申请的请求。

5. 提交申请后提交其他文件

提交申请后需要提交其他文件的，必须向欧洲专利局提交。例外的情形是，如果申请提交至成员国，而且还未收到欧洲专利局关于已经接收到申请的通知之前，文件还可以提交至该成员国。一旦收到欧洲专利局的通知，后续所有文件都应该直接提交给欧洲专利局。

提交申请后提交其他文件的方式包括电子提交、面交、邮寄、传真（委托书和在先申请文件副本除外）。❷ 欧洲专利局提供表格 1037（欧洲专利局收到专利申请/专利后提交文件的回执），作为其他文件接收的预先确认，或表格 1038（后提交文件表格）作为后提交文件（例如补交说明书的一部分）的收到确认。欧洲专利局发送由申请人提供的 1037 表和 1038 表作为回执。如果使用欧洲专利局的在线提交软件提交电子文件，回执马上发送。

欧洲专利申请提交后提交的任何文件（附件除外）都必须签名。如果未签名，欧洲专利局通知相关当事人在不可延长的期限内签名。

---

❶ Art. 77 (3); Rule 37 (2); Art. 135 (1) (a).

❷ Guid. A-VIII, 2.5.

如果在截止日期前签名，文件保留原始的接收日期，否则该文件视为未收到。❶ 如果在线提交文件，则签名可以用传真、文本字符串或增强的电子签名等形式。纸质提交中的签名应是手写签名或是签名的复印件（以传真发送），签名必须清晰地包含申请人的名字和职位。有关电子提交文档的签名，必须通过增强的电子签名来确认文件的真实性。

（四）提交欧洲专利申请的申请人属性

任何自然人、法人或等同于法人的机构，无论其国籍、居所或者营业场所的属地，都有权提出欧洲专利申请。

可以由多个申请人共同提交欧洲专利申请，而且多个申请人可以指定不同的成员国。

（五）欧洲申请的指定国和延伸国

指定是对 EPC 成员国的效力，而延伸是对非 EPC 成员国的延伸国产生保护效力的确认。

提交申请时请求书 1001 表❷中默认指定全部 38 个成员国。在单独指定的情况下，瑞士和列支敦士登必须被同时指定。申请还可延伸至延伸国波黑和黑山。

尽管提交申请时默认指定所有成员国，然而后续需要缴纳一笔指定费来确认指定，指定费目前是 580 欧元，应在欧洲检索报告公布 6 个月内缴纳，指定覆盖所有成员国，除非特别撤回对某成员国的指定。

延伸也是在申请时默认，需后续对每个延伸国缴纳延伸费来确认延伸。

（六）提交欧洲申请的语言

欧洲专利局的官方语言是英语、德语、法语。

欧洲专利申请可以任何语言提交，如果提交语言不是欧洲专利局的官方语言，应该在自申请日起 2 个月内提交英语、德语或法语的译文（任何情形下，译文都应该与原文一致）。如果期限内未提交译文，欧洲专利局将发通知要求申请人在 2 个月内提交译文，如果仍未

---

❶ R. 50（3）；Guid. A-Ⅷ，3. 1。

❷ 欧洲专利局制定的欧洲专利申请标准请求书表格，下载地址：http：//www. epo. org/applying/forms-fees/forms. html。

提交，则申请被视为撤回。❶ 视为撤回后不可以请求继续处理，但可以请求恢复权利。

提交申请时的语言（英语、德语、法语之一）或非英语、德语、法语提交时后续提交的译文语言（英语、德语、法语之一）构成申请的"程序语言"，后续所有的修改都将基于程序语言，欧洲专利局也以程序语言作为该申请所有书面程序的语言。例如，以英语提交的申请，后续程序中所有文件都应该使用英语；以中文提交的申请，提交的译文语言是英语，"程序语言"即英语，后续程序中所有文件都应该使用英语。

分案申请的语言应该与母案申请的程序语言一致。如果母案申请以非英语、德语、法语提交，允许分案申请以母案申请的提交语言提交，但是必须在分案申请提交日起2个月内提交母案申请程序语言的译文。

向各成员国提交欧洲专利申请时，各成员国的官方语言及对提交申请的语言规定如表3-4所示。

表3-4 向各成员国提交欧洲专利申请的语言

成员国/延伸国	向该局提交欧洲专利申请应使用的语言	该局官方语言
阿尔巴尼亚	所有语言	阿尔巴尼亚语
奥地利	所有语言	德语
比利时	所有语言	法语、荷兰语、德语
保加利亚	保加利亚语、德语、英语、法语	保加利亚语
克罗地亚	所有语言	克罗地亚语
塞浦路斯	希腊语、英语、德语、法语	希腊语
捷克	所有语言	捷克语
丹麦	所有语言。 但是必须使用丹麦语、英语、法语或德语提供下述信息：（1）指明提交的申请是欧洲专利申请；（2）辨识或联系申请人的信息	丹麦语

---

❶ Art. 14（1），（2）；R. 6（1），58.

续表

成员国/延伸国	向该局提交欧洲专利申请应使用的语言	该局官方语言
爱沙尼亚	所有语言	爱沙尼亚语
芬兰	所有语言。但是必须使用芬兰语、瑞典语、英语、法语或德语提供下述信息：（1）指明提交的申请是欧洲专利申请；（2）辨识或联系申请人的信息	芬兰语、瑞典语
马其顿	马其顿语、英语、德语、法语	马其顿语
法国	所有语言	法语
德国	所有语言	德语
希腊	所有语言	希腊语
匈牙利	所有语言。但是必须使用匈牙利语、英语、法语或德语提供下述信息：（1）指明提交的申请是欧洲专利申请；（2）辨识或联系申请人的信息	匈牙利语
冰岛	所有语言	冰岛语
爱尔兰	所有语言	冰岛语、英语
意大利	所有语言	意大利语
拉脱维亚	所有语言	拉脱维亚语
列支敦士登	所有语言	德语
立陶宛	所有语言	立陶宛语
卢森堡	所有语言	法语、德语、卢森堡语
马耳他	所有语言	马耳他语、英语
摩纳哥	所有语言	法语
荷兰	所有语言	荷兰语
挪威	挪威语、英语、法语、德语	挪威语
波兰	所有语言。若未以波兰语撰写，必须提交波兰语的译文	波兰语

续表

成员国/延伸国	向该局提交欧洲专利申请应使用的语言	该局官方语言
葡萄牙	所有语言。至少使用葡萄牙语、英语、法语、德语提交了下述信息：（1）指明提交的申请是欧洲专利申请；（2）能够辨识或联系申请人的信息	葡萄牙语
罗马尼亚	所有语言	罗马利亚语
圣马力诺	所有语言	意大利语
塞尔维亚	所有语言	塞尔维亚语
斯洛伐克	所有语言	斯洛伐克语
斯洛文尼亚	所有语言	斯洛文尼亚语
西班牙	西班牙语、英语、德语、法语	西班牙语
瑞典	所有语言	瑞典语
瑞士	所有语言	德语、法语、意大利语
土耳其	所有语言	土耳其语
英国	所有语言	英语

数据来源：《与欧洲专利公约相关的成员国国内法》第 II 章，表中数据信息更新至 2016 年 4 月 20 日。

（七）帮助特定成员国申请人的语言设置

如果申请人或者其中一位申请人的国籍、居所或者营业场所是成员国之一，但是该成员国不以英语、德语、法语中的一种作为官方语言；或者申请人或者其中一位申请人是这些成员国的国民，但是旅居国外，以该国的官方语言之一提交欧洲专利申请，但是在 1 个月内提交程序语言的译文，则申请人将享有申请费和审查费 30% 的减免。❶ 后续的文件也可以成员国官方语言提交，但应在 1 个月内提交程序语言的译文。

如果以成员国官方语言启动异议、申诉，而相应程序规定的期限

---

❶ Art. 14（4）；R. 6（3）；Art. 14（1）RFees.

届满在提交异议或申诉文件的 1 个月之后，则请求人可以不必在 1 个月内提交译文，而可以在相应程序规定的期限内提交译文。若请求人未在期限内提交译文，则该请求将被视为未提出。异议、申诉、限制和撤销费用也可以减免 30%。

二、进入欧洲地区阶段 PCT 申请的提交

（一）进入欧洲的路径

在 PCT 申请进入国家的期限届满前，申请人必须决定是否进入国家阶段以及进入的国家。申请人可以选择直接办理进入目标国的进入手续，也可以选择办理通过欧洲专利局进入欧洲地区阶段的手续，待欧洲专利局授权后再到 EPC 的 38 个成员国和 2 个延伸国办理生效手续。需要注意的是：EPC 范畴内有 11 个成员国已经关闭了 PCT 申请进入其国家的国家通道，PCT 申请要进入这些国家，只能通过欧洲专利局进入。这 11 个成员国分别是：比利时、塞浦路斯、法国、希腊、爱尔兰、意大利、拉脱维亚、摩纳哥、马耳他、荷兰、斯洛文尼亚。❶

直接选择目标国的国家路径还是走欧洲专利局路径？这取决于申请人希望进入的国家。如果目标国仅一两个，例如目标国仅仅是德国或者英国，则直接办理进入德国或者英国国家阶段的手续可能更经济便捷；如果目标国为上述 11 个关闭了国家路径的国家，例如法国，此时必须经过欧洲专利局办理进入手续；如果目标国是欧洲地区多个国家，出于经济的考虑，更适于办理通过欧洲专利局进入欧洲地区阶段的手续，待欧洲专利局授权后再到各成员国办理生效手续。

如果申请人希望获得欧洲专利，则必须进入的是"欧洲地区阶段"，意味着必须在期限内满足欧洲专利局作为指定局或者选定局的进入欧洲地区阶段的要求。进入欧洲地区阶段的 PCT 申请被称为 Euro-PCT 申请。

（二）欧洲专利局作为指定局或选定局的区别

PCT 申请在国际阶段是否启动初步审查程序决定欧洲专利局是指定局还是选定局。选定是指定的子集，如果在国际阶段未启动初步审

---

❶ http：//www.wipo.int/pct/en/texts/time_limits.html.

查程序，则欧洲专利局是作为指定局；如果在国际阶段启动了初步审查程序，则欧洲专利局是作为选定局。

在欧洲专利组织成员国获得欧洲专利的前提是在国际阶段PCT申请未撤回并且对相关成员国的指定未撤回。❶

因为欧洲专利组织所有的成员国均是PCT成员国，所以欧洲专利局可以作为任何EPC成员国的指定局，当然前提条件是PCT申请的申请日在该成员国加入EPC的生效日之后。如果国际申请日在该成员国加入EPC的生效日之前，但欧洲专利组织与该国有延伸协议，且延伸协议在国际申请日前生效，欧洲专利局也可以作为指定局。

(三) 向欧洲专利局办理进入欧洲地区阶段手续的时间

在考虑了国际检索报告、书面意见、补充国际检索报告、国际初步审查报告（在国际初步审查阶段作出的专利性国际初步报告）的结果之后，申请人就可以决定是否进入欧洲地区阶段，一旦决定进入欧洲地区阶段，就需要在欧洲专利局办理PCT申请进入欧洲地区阶段的手续。

申请人应最晚在最早的优先权日起31个月❷内办理进入欧洲地区阶段的手续。该期限比通常进入国家阶段的期限（优先权日起30个月）长1个月，且与是否经历国际初步审查程序没有任何关系。如果31个月的期限届满日正好是欧洲专利局的非工作日，则该期限顺延至下一个工作日。❸

如果申请人在优先权日起31个月内未办理进入欧洲地区阶段的手续，则申请将被视为撤回。❹

(四) 办理进入欧洲地区阶段的手续应提交的文件

首先，进入欧洲地区必须提交进入请求，强烈建议申请人使用最新的请求书表格1200表❺。1200表可从欧洲专利局网站下载，建议填表之前仔细阅读注解。需要特别注意的是，申请人必须在请求书中指明欧洲申请号，通常只要PCT申请指定了欧洲专利局，欧洲专利局就会在

---

❶ R. 90之二 PCT.
❷ http：//www.wipo.int/pct/en/texts/time_limits.html.
❸ R. 80.5 PCT；R. 134EPC.
❹ R. 160 EPC.
❺ 参见以下第（七）部分的内容。

国际公布日起 10 个月左右时将 PCT 申请在欧洲专利局的欧洲申请号发送给申请人（表 1201）。如果申请人在进入欧洲地区阶段时还没有收到该申请号，也可以填写 PCT 国际申请号或者 PCT 国际公布号。

其次，国际局（IB）在优先权日起 31 个月届满前发送给作为指定局/选定局的欧洲专利局国际申请副本和检索报告（包括书面意见），以及国际初步审查报告及附件（如果有的话）。如果有根据 PCT 第 19 条对权利要求的修改，国际局也将修改文件及申请人的意见传送给欧洲专利局，因此申请人不需要自己提交这些文件。然而，如果国际公布语言不是英语、德语或法语，申请人需要提交申请文件的译文及其他文件。

除此之外，申请人还必须提交满足进入欧洲地区阶段"最低要求"的其他文件。

（五）进入欧洲地区阶段应使用的语言

Euro-PCT 申请的申请语言是英语、法语或德语。如果国际公布语言不是其中的一种，必须在进入欧洲地区阶段时（最早优先权日起 31 个月内）提交三种语言之一的译文，译文的语言即为申请的程序语言；如果公布语言是英语、法语、德语之一，则公布语言就是欧洲专利局的程序语言，且不可以变为欧洲专利局的另一种官方语言，因此申请人不需要提交译文，即使提交了译文，也将被忽视。❶ 例如，国际公布语言是英语，则进入欧洲地区阶段的程序语言就是英语，不能变更为法语或者德语。一旦申请已进入欧洲地区阶段，程序语言不可改变，❷ 以进入时的程序语言为准。在与欧洲专利局的书面往来中申请人可使用官方语言中的任一种，但是申请的任何修改都应该使用程序语言。❸

（六）进入欧洲地区阶段的译文要求

如果国际公布语言不是英语、法语、德语中的一种，必须在进入欧洲地区阶段时（最早优先权日起 31 个月内）提交三种语言之一的译文，如果未在规定期限内提交申请文件的译文，则申请将被视为撤

---

❶ Art. 14（3），153（5）EPC；r. 159（1）（a）EPC.
❷ OJ 2010，572.
❸ R. 3 EPC.

回。❶ 如果在被视为撤回通知书发出之日起2个月内提交了译文且请求了继续处理并缴纳相关费用的，则该视为撤回通知书视为未发出。❷ 申请被视为撤回后，申请人也可以根据《专利合作条约实施细则》49.6❸ 请求恢复权利，但是费用更高且要求更严格，这种方法相较继续处理没有任何优势，除非继续处理的期限已过，只能使用恢复程序。❹

申请文件译文应包含的内容是：说明书（原始提交的）、权利要求（原始提交的）、附图（原始提交的）、摘要（国际公布的）。❺

欧洲专利局作为指定局时，译文还应根据具体情况包括如下内容：

（1）申请人希望审查的基础是国际阶段的修改文件的，如果有根据PCT第19条对权利要求的修改，则应提交根据PCT第19条修改的权利要求全套译文。如果随根据PCT第19条修改的权利要求替换页一起还向国际局提交了权利要求的修改说明信函，则信函的译文也应该一并提交。如果仅提交权利要求的译文，未提交修改说明信函的译文，在后续程序中根据PCT第19条的修改将被忽视。如果根据PCT第19条修改的信函并不涉及对权利要求的修改说明，仅仅声明根据PCT第19条修改权利要求，则遗漏这份信函译文的后果仅是信函被忽视，根据PCT第19条修改的权利要求不会被忽视。❻

（2）任何公布的更正请求。❼

（3）序列表，除非序列表本身是英语的。❽ 假设PCT申请的国际公布语言是葡萄牙语，进入欧洲地区阶段时提交的译文为法语，即在欧洲地区阶段的程序语言是法语，如果国际阶段序列表是葡萄牙语，则在欧洲地区阶段必须提交序列表的法语译文；如果国际阶段序列表是英语，则无须提交序列表译文。

（4）任何引用保藏生物材料的单独说明。❾

如果欧洲专利局作为选定局，与欧洲专利局作为指定局相比还要

---

❶ Art. 24（1）（iii），39（2）PCT；R. 76.5 PCT；Art. 153（4）EPC；R. 112, 160 EPC.
❷ Art. 121 EPC；R. 135（1）EPC；Art. 2（1）.12 RFees.
❸ 在国家或地区阶段请求指定局或选定局恢复权利。
❹ R. 49.6 PCT；Art. 122 EPC；R. 136 EPC；Art. 2（1）.13 RFees.
❺ R. 49.3 and .5 PCT.
❻ Art. 19 PCT；R. 46.4 and .5, 49.3, 49.5（c），（c-bis）PCT；R. 3 EPC.
❼ R. 91.3（d），48.2（a）（vii）PCT.
❽ R. 49.5（a-bis），13ter PCT.
❾ R. 49.5（h），13bis.3 and 13bis.4 PCT.

多提交一份文件的译文，即国际初步审查报告的附件必须翻译并提交。如果未在优先权日起 31 个月内提交国际初步审查报告附件的译文，欧洲专利局将通知申请人在 2 个月期限内提交；如果申请人在 2 个月期限内仍未提交译文的，申请将被视为撤回，申请人在申请被视为撤回后可以请求继续处理。

如果译文中有错误，在后续程序中可以请求更正译文中的错误。

（七）进入欧洲地区阶段必须满足的最低要求

要使 PCT 申请进入欧洲地区阶段，申请人必须在优先权日起 31 个月内办理以下手续：❶

（1）如果 Euro-PCT 申请的国际公布语言非欧洲专利局官方语言之一的，必须提交申请文件的译文。❷

（2）必须指明作为审查基础的文本。❸

（3）必须缴纳申请费，包括超页的附加费。❹

（4）必须缴纳指定费（包括延伸费）。缴纳指定费的期限是优先权日起 31 个月或国际检索报告公布日起 6 个月，以后到期为准。通常情况下，优先权日起 31 个月届满日在国际检索报告公布日起 6 个月之后。因此，通常情况下，申请人必须在自优先权日起 31 个月内缴纳指定费（包括延伸费）。

（5）如果需要作出补充欧洲检索报告，必须缴纳检索费。❺

（6）如果国际检索报告公布日起 6 个月的期限已经届满，必须提交实审请求并缴纳实审费。❻ 如果提前进入欧洲地区阶段，进入时国际检索报告公布日起 6 个月的期限已经届满，则指定费（延伸费）可以等到优先权日起 31 个月时缴纳，但是实审费必须在进入时就缴纳。

（7）必须缴纳维持费，如果办理进入手续的时间已在国际申请日起算第 3 年及以后。❼

（8）必要时，提交展会证明（有展会公开的情形），这种情形非

---

❶ R. 159 EPC.
❷ Art. 153 (4) EPC; R. 159 (1) (a) EPC.
❸ R. 159 (1) (b) EPC.
❹ R. 159 (1) (c) EPC.
❺ Art. 153 (7) EPC; R. 159 (1) (e) EPC.
❻ R. 159 (1) (f) EPC.
❼ R. 159 (1) (g) EPC.

常少见。❶

由于国际局在自优先权日起 31 个月届满前发送给作为指定局/选定局的欧洲专利局国际申请副本和检索报告（包括书面意见），以及国际初步审查报告及附件（如果有的话），如果有根据 PCT 第 19 条对权利要求的修改，国际局也将修改文件及申请人的意见传送给欧洲专利局，因此申请人不需要自己提交这些文件。

如果申请未在优先权日起 31 个月期限内满足所有最低要求，其后果取决于哪项要求未被满足。在上述（1）～（7）的手续未完成的情况下，申请被视为撤回。因不满足上述最低要求而丧失的权利可以恢复，但是仅限于申请人在规定的期限内使其申请满足上述最低要求。如果申请在规定的期限内不能满足最低要求，则丧失的权利不可恢复。

（八）进入欧洲地区阶段的进一步要求

除了最低要求外，申请人还必须在优先权日起 31 个月期限内使其申请满足进一步要求。进一步要求与最低要求最大的不同是进一步要求未满足不会直接导致权利丧失，即申请不会被视为撤回。

进一步要求有：缴纳权利要求超项费，指明发明人，提交在先申请号或者在先申请文件副本，提交标准格式序列表，指明申请人的信息，委托代理，提交在先申请检索结果的副本等。❷

（九）指明 Euro-PCT 申请的审查基础

在办理进入欧洲地区阶段的手续时，申请人必须指明审查的基础（必须满足的最低要求），明确审查是基于原始文件还是修改文件。❸

申请人应在 Euro-PCT 申请的请求书 1200 表❹第 6 栏指定作为审查基础的文件。必要时，可以提交单独页面更清楚地说明。需要注意的是，第 6 栏的指明和/或单独页面的详细说明计算在申请的总页数中，如果申请文件的总页数超过 35 页，可能会产生申请附加费。

如果欧洲专利局作为指定局，审查基础在 1200 表 6.1 栏勾选。

如果欧洲专利局作为选定局，审查基础在 1200 表 6.2 栏勾选。

---

❶ R. 159（1）(h) EPC.
❷ R. 162, 163, 141 EPC.
❸ R. 159（1）(b) EPC.
❹ 欧洲专利局制定的 PCT 申请进入欧洲地区的标准请求书表格，下载地址：http://www.epo.org/applying/forms-fees/forms.html。

（十） Euro-PCT 申请与 EP 申请提交的异同

EP 申请可以提交至欧洲专利局或者成员国主管当局，但是 Euro-PCT 申请只能直接向欧洲专利局提交，不能提交至 EPC 的任何成员国主管当局。❶

Euro-PCT 申请也不能提交至国际局，因为国际局只负责 PCT 申请国际阶段文件的接收，Euro-PCT 申请属于 PCT 国家阶段申请。

Euro-PCT 申请文件的提交方式与 EP 申请相同，都是面交、寄交、传真、电子提交四种方式，各种提交方式的特点相同。

（十一） Euro-PCT 申请请求提前处理

请求提前处理的时机：在自最早优先权日起 31 个月期限届满前的任何时间，都可以请求提前处理。❷

请求提前处理的条件：申请人必须主动提交请求提前处理的请求，该请求并不包含在 1200 表❸中，而是一个单独的请求表。提交提前处理请求的同时，申请还必须满足进入欧洲地区阶段的所有最低要求。

请求提前处理，必须满足的要求是：缴纳申请费、提交译文、指明作为审查基础的文本（原始申请文件或其修改文件）、缴纳检索费（如果应该进行补充欧洲检索的话）。进一步的要求取决于请求提前处理的日期，因为指定费、维持费、提交实审请求和缴纳实审费的期限可能在请求提前处理日还未届满。如果有展会公开，则在进入欧洲地区阶段时必须提交展会证明，未提交展会证明的，虽然不影响提前处理，但是会影响欧洲专利局考虑的在先技术，可能会影响申请的新颖性。❹

权利要求超项费仍可在优先权日起 31 个月内提交，因为权利要求超项费不是请求提前处理时必须满足的条件。

请求提前处理的，不能采用自动扣款的缴费方式，因为自动扣款在优先权日起 31 个月最后一天实施。

---

❶ OJ 2007 Spec. Ed. 3, A. 3.
❷ Art. 23（2），40（2）PCT；R. 90bis. 6 PCT；R. 159 EPC；OJ 2013, 156.
❸ 欧洲专利局制定的 PCT 申请进入欧洲地区的标准请求书表格，下载地址：http://www.epo.org/applying/forms-fees/forms.html。
❹ GL/EPO B-VI, 5.5.

未满足提前进入的所有条件的，待所有条件满足之后，提前进入才能生效。如果在优先权日起 31 个月期限届满前未满足提前进入的所有要求，直至优先权日起 31 个月期限届满，欧洲专利局不会处理该申请。

请求提前处理所有要求都满足后，PCT 申请将被获准进入了欧洲地区阶段，欧洲专利局会发出通知书确认进入。

（十二）Euro-PCT 申请提前进入生效后申请人可进行的程序

如果提前进入生效后，国际申请被撤回，不影响 Euro-PCT 申请的状态。

通常国际局在自优先权日起 31 个月向欧洲专利局传送相关文件，如果提前进入生效后国际局还未向作为指定局的欧洲专利局传送国际申请副本、检索报告和书面意见，申请人不必请求国际局传送。如果需要的话，欧洲专利局会与国际局沟通。❶ 欧洲专利局作为选定局也是一样的，国际局还会向欧洲专利局传送国际初步审查报告及其附件。❷

如果申请人的提前处理请求不仅仅是想进入欧洲地区阶段，还希望进一步启动实审，必须提交有效的实审请求（包括缴纳实审费）。如果申请人在欧洲专利局发出补充欧洲检索报告之前提出了实审请求，欧洲专利局还将询问申请人是否要进行实审程序，且欧洲专利局将在收到申请人指示进行实审程序的时候才开始实质审查。❸ 必要的情形下（补充欧洲检索意见中有负面结论），申请人还需要对补充欧洲检索意见进行答复。当然，申请人可以放弃欧洲专利局询问其是否继续后续程序的权利，即可以在 1200 表❹中 4.2 栏勾选。

从提前进入请求生效那天起，申请人可以针对该 Euro-PCT 申请提交分案申请。

（十三）请求欧洲专利局对 PCT 申请国际阶段的结论进行复查

PCT 第 25 条规定，如果受理局拒绝给予国际申请日，受理局宣

---

❶ Art. 20 PCT；R. 44bis. 2 (b)，47. 4 PCT.
❷ Art. 36 (3) (a) PCT R. 61. 2 (d)，73. 2 (b) PCT.
❸ R. 70 (2)，70a (2) EPC.
❹ 欧洲专利局制定的 PCT 申请进入欧洲地区的标准请求书表格，下载地址：http://www.epo.org/applying/forms-fees/forms.html。

布国际申请已被视为撤回，国际局因未在规定期限内收到登记本而宣布国际申请视为撤回，或者受理局宣布国际申请对某一国家的指定已被视为撤回，针对上述 4 种情况，申请人可以向指定局提交复查请求。指定局应按 PCT 及其细则的规定对上述 4 种情况作出复查。如果指定局认为上述 4 种拒绝或宣布是由于受理局的错误或疏忽所造成，或者认定是由于国际局的错误或疏忽所造成，就 PCT 申请在指定局所在国的效力而言，该局应和未发生这种错误或疏忽一样对待该 PCT 申请。对于国际局因未在规定期限内收到登记本而宣布国际申请视为撤回的情形，如果指定局复查后认为国际局的处理无误，确实是由于申请人的错误或疏忽而使得登记本到达国际局是在规定的期限届满之后，只有在依据指定局所许可的理由对期限的延误予以宽恕的情形下，才可以和未发生这种错误或疏忽一样对待该 PCT 申请。

欧洲专利局作为指定局时，基于申请人的请求可以复查 PCT 国际阶段上述 4 种事项：受理局拒绝给予国际申请日，受理局宣布 PCT 申请视为撤回或者对欧洲专利局的指定视为撤回，国际局因未收到登记本而宣布 PCT 申请视为撤回。申请人请求欧洲专利局复查必须做到两件事情：一是必须在根据 PCT 细则第 51.1 款规定的 2 个月的时间期限内（丧失权利通知之日起 2 个月内）请求国际局根据 PCT 第 25 条第（1）款将申请文件副本传送给欧洲专利局，；二是必须缴纳申请费。如果需要，在 PCT 细则第 51 条第 51.3 款规定的 2 个月期限内（丧失权利通知之日起 2 个月内）提交译文，还需要在相同的期限内（丧失权利通知之日起 2 个月内）办理进入欧洲地区阶段的手续。

欧洲专利局在收到复查请求和文件后，受理部门将所有文件传送至审查部门，由审查部门作出复查结论。如果复查结论是国际阶段的处理发生了错误或疏忽，则欧洲专利局以未发生这种错误或疏忽一样对待该 PCT 申请，将 Euro-PCT 申请当做一件欧洲申请来处理，❶ 享有 PCT 国际阶段的申请日。

PCT 第 24 条规定，如果申请人主动撤回其 PCT 申请或主动撤回对某指定国的指定，申请被视为撤回或者对某指定国的指定被视为撤回（且不符合复查条件），或者申请人未在期限内向指定国提供 PCT 申请的副本、译文、缴纳费用，则该 PCT 申请的效力在指定国终止，其后果与国家申请的撤回相同，但是任何指定局仍可以保持国际申请

---

❶ Art. 25 PCT；R. 51, 82bis PCT；R. 159（2）EPC；GL/EPO E-VIII, 2.9.

日的效力。

因此，如果不符合 PCT 第 25 条第（2）款规定，即欧洲专利局的复查结论是国际阶段的处理无误，该申请确实不应该作为一件 PCT 申请来处理，则申请人还可以请求欧洲专利局根据 PCT 第 24 条第（2）款将其申请作为一件欧洲申请（EP 申请）。根据 PCT 第 24 条第（2）款（在指定国的效力丧失）提交请求和根据 PCT 第 25 条第（2）款（指定局对国际阶段结论的复查）提交复查请求的要求是一致的。这些请求可以同恢复优先权的请求和继续处理请求同时提交。

如果申请人认为由于受理局的失误造成了国际申请日错误，或者受理局对于优先权要求的审查结论错误，或者国际局的结论错误等类似的情形，申请人需向欧洲专利局提供文件证明国际阶段的审查结论错误。如果该证明能被欧洲专利局接受，则欧洲专利局将更正错误，并将申请作为一件无误的 PCT 申请对待。

第二节　关于受理审查及确定申请日的常见问题

一、欧洲专利申请确定申请日的形式要求

（一）欧洲专利申请确定申请日的最低要求

欧洲专利申请的申请文件必须包含以下三个条件才能确定申请日：❶

（1）请求获得欧洲专利的明确意思表示；

（2）指明申请人信息或申请人能被联系上；

（3）提交说明书或者援引一个先前提交申请（previously filed application）。

上述三个条件即是确定申请日的最低要求。

对于条件（1），使用欧洲专利局制定并提供的标准请求书表格（1001 表❷）即可满足要求。

---

❶ R. 40 (1).

❷ 欧洲专利局制定的欧洲专利申请标准请求书表格，下载地址：http://www.epo.org/applying/forms-fees/forms.html。

对于条件（2），如果有多个申请人，为了确定申请日，仅一位申请人满足邮寄箱号等信息就算满足"申请人能被联系上"。而且欧洲专利局的受理审查会综合考虑收到的所有文件来确定是否满足条件（2）。

对于条件（3），说明书无严格的形式要求，只需要看起来包含说明书即可。权利要求不是确定申请日的必要条件，可以后续提交。如果通过援引先前提交申请的方式，则必须包含先前提交申请的申请日、申请号、先前提交申请的提交局、援引替代说明书和附图的声明。为了确定申请日，文件无特定的形式要求，但是信息应该详细且完整。

（二）援引先前提交申请应满足的形式要求

总体要求：为获得申请日的，申请人可以通过援引先前提交申请来替代提交申请文件，且被援引的先前提交申请不一定要作为优先权基础，援引的先前提交申请的申请类型可以是发明或者实用新型。

副本要求：援引先前提交申请的，申请人必须在申请日起2个月内提交经证明的先前提交申请副本。❶ 如果先前提交申请副本欧洲专利局可以获得（例如先前提交申请是欧洲申请或者是欧洲专利局受理的PCT申请❷），则申请人不必提交先前提交申请副本。如果援引的先前提交申请同时也作为优先权基础，经证明的优先权文件副本和经证明的先前提交申请副本只需要提交一份即可。分案申请也可以通过援引母案申请提交，如果母案申请是欧洲申请或者是欧洲专利局受理的PCT申请，则申请人不必提交经证明的母案申请的副本，欧洲专利局自动将副本添加至分案申请的案卷中。

语言要求：如果援引的先前提交申请的语言非英语、德语、法语，则申请人应在申请日起2个月内提交译文。❸ 若欧洲专利局已经获得先前提交申请的译文，则申请人不必再次提交，欧洲专利局将免费将译文添加至案卷中。

如果援引的先前提交申请的语言属于帮助成员国的申请人语言设置的情形，本申请也同先前提交申请一样符合费用减免条件，即使先前提交申请的权利要求是提交申请后以欧洲专利局官方语言提交的，

---

❶ R. 40 (3).
❷ OJ EPO 2009, 486.
❸ R. 40 (3).

援引申请也符合费用减免条件。

援引权利要求：申请人也可以选择援引先前提交申请的权利要求来替代该申请的权利要求，该援引请求必须在申请日提交，可以在请求书1001表中勾选。一旦援引先前提交申请的权利要求，则先前提交申请的权利要求将构成本申请检索的基础，欧洲专利局也不会要求申请人提交权利要求❶。如果不援引先前提交申请的权利要求，仅援引说明书和附图，申请人应在申请时提交权利要求。如果未提交，欧洲专利局将要求申请人提交权利要求。

（三）未满足确定申请日最低要求的补救措施

如果申请未明确获得欧洲专利的意思表示、没有说明书或没有援引先前提交申请，则无法确定申请日，欧洲专利局将通知申请人在不可延长的2个月期限内改正缺陷；期限内未改正的，不作为欧洲申请，已缴纳的所有费用将被退还。若申请未指明申请人信息或者欧洲专利局无法联系申请人，欧洲专利局不发出通知，等待申请人主动提交文件以满足条件。如果申请人在首次提交申请之日起2个月内主动提交文件满足了条件，则满足条件之日记为申请日；若在该期限内仍未满足条件，则申请人再没有补救的机会，只能重新提交申请。

援引先前提交申请的，如果未指明先前提交申请的申请日、申请号、先前提交申请的提交局或者未指明援引替代说明书和附图的，欧洲专利局发通知要求申请人在2个月内克服缺陷。如果申请人未在该期限内克服缺陷，则该申请将不作为欧洲申请。如果申请人未在2个月期限内提交经证明的先前提交申请副本，欧洲专利局将通知申请人在不可延长的2个月内提交。若申请人仍未提交，则该援引申请将不作为欧洲申请。虽然译文也要求在2个月内提交，但是未在期限内提交译文并不影响申请日的确定。

二、提交申请时遗漏部分说明书或附图的补救

（一）遗漏附图或部分说明书时的补救措施

提交申请时遗漏附图或者部分说明书的，有两种补救措施：一是

---

❶ R. 57 (c); R. 58.

补交遗漏部分重新确定申请日；二是通过援引加入的方式加入遗漏部分。第一种方式将改变申请日，第二种方式保留原申请日。

（二）补交遗漏部分的方式

补交遗漏部分包含主动补交遗漏部分和被动补交遗漏部分两种形式。❶

如果申请补交遗漏附图或者部分说明书，申请人可以在自申请日起 2 个月内主动提交遗漏部分，这种方式即为主动补交遗漏部分。如果欧洲专利局发现了遗漏，则欧洲专利局应当通知申请人在 2 个月内提交遗漏部分，申请人应欧洲专利局的要求提交遗漏部分，这种方式即为被动补交遗漏部分。如果申请人未在该规定期限内补交遗漏部分，则所有对遗漏部分的引用视为被删除。

如果申请人自己发现遗漏了附图或者部分说明书，建议申请人在申请日起 2 个月内尽快主动提交遗漏部分。因为如果错过了 2 个月的期限，而欧洲专利局又未发现遗漏事实，未发出通知要求提交遗漏部分，则申请人再无机会提交遗漏部分。

如果申请人补交附图（附图指整幅附图，而不是一幅图的一部分）或者部分说明书，欧洲专利局将收到遗漏部分的日期确定为新的申请日，并将发出重新确定申请日的通知。重新确定申请日后申请人有反悔的机会，在收到重新确定申请日的通知之日起 1 个月内，申请人可以撤回后提交遗漏部分保留原申请日。

（三）通过援引加入提交遗漏部分

申请人可以通过援引加入的方式补交遗漏部分，这种方式不改变申请日，必须满足的条件是：❷

（1）申请人在申请日起 2 个月内提交遗漏部分；

（2）申请要求了优先权；

（3）申请人在 2 个月内请求援引加入遗漏部分；

（4）后提交附图或部分说明书完全包含在在先申请中；

（5）在申请日起 2 个月内提交优先权文件副本（欧洲专利局可获得副本的除外）；

（6）在先申请文件副本的语言非欧洲专利局官方语言的，申请

---

❶ R. 56 (1), (2), (4a).
❷ R. 56 (3).

人在 2 个月内提交在先申请文件副本的译文（欧洲专利局可获得译文的除外）；

（7）申请人在申请日起 2 个月内陈述援引的遗漏部分在在先申请文件副本或者在先申请文件副本译文中的位置。

只有申请满足上述所有条件时，申请人才能通过援引加入的方式添加遗漏部分。如果条件（1）未满足，申请日不改变，遗漏部分也不会添加至申请中。条件（2）~（4）未满足❶，后提交日将作为申请日，欧洲专利局将会相应通知申请人。

第三节 关于欧洲专利申请形式审查的常见问题

申请人提交的欧洲专利申请被确定申请日之后，由欧洲专利局受理部门对申请进行形式审查，形式审查内容涉及代表、申请文件、摘要、请求书、优先权要求、发明人的指定、译文（必要时）、权利要求、费用（申请费和检索费）。❷除此之外，欧洲专利局受理部门还对申请作进一步的形式审查，涉及发明名称、权利要求超项费、展会证明、生物材料、序列表。

一、代　　表[***]

（一）委托代表

代表分为专业代表和非专业代表两种类型。非专业代表又分为两种类型，一种是申请人之一作为共同代表，另一种是授权申请人之外的某人作为代表。

在任何成员国都没有居所或者营业场所的申请人必须委托专业代表。❸欧洲专利局官方认可的专业人士称为专业代表。委托专业代表

---

❶ R. 56 (2), R. 56 (5).
❷ A. 90 (3).
[***]"代表"是指广义的代表，既包括专业代表，也包括非专业的代表。其中的专业代表相当于中国专利实践中的专利代理。
❸ A. 133 (2).

没有严格的形式要求，只要从文件中能推断确实已经委托了专业代表即可，例如，在文件中指明代表信息，由授权的代表提交文件，都能说明已经委托专业代表。委托专业代表后，除了提交申请文件和缴费外，所有程序都必须通过专业代表完成。例如，一个中国申请人可以委托一个欧洲人帮其提交文件、缴费，但是其他手续必须委托欧洲专利局认可的专业代表来完成。

在成员国有居所或者营业场所的申请人可以不委托专业代表，❶ 自己办理相关手续。申请人也可以授权其雇员作为申请的代表（必须提交经签字授权的委托书），该雇员可以不是专业代表，欧洲专利局所有的通知都将发送给该代表。在成员国有居所或者营业场所的申请人即使委托了专业代表或者雇员作为代表，仍可由申请人自己在欧洲专利局办理所有的程序。如果申请有多个申请人，可以指明其中一位作为共同代表（必须提交经签字授权的委托书），欧洲专利局所有的通知都将发送给该共同代表。如果有多个申请人，且未指明共同代表，则第一申请人被认为是共同代表，欧洲专利局所有的通知都将发送给该共同代表。如果第一申请人未委托专业代表，但是其他申请人委托了专业代表，则该专业代表被认为是共同的专业代表，欧洲专利局所有的通知都将发送给该专业代表。在多位申请人都指明了专业代表的情形下，第一申请人指明的专业代表被认为是共同的专业代表，欧洲专利局所有的通知都将发送给该专业代表。❷

（二）委托专业代表的形式要求

专业代表必须是欧洲专利局官方认可的，可在欧洲专利局网站上检索专业代表数据库❸，从该库中可以检索到欧洲专利局认可的专业代表信息。各成员国具有资质的专业代表在欧洲专利局也是认可的，也可以委托成员国的专业代表代为办理相关事务。

同一件申请可以委托多个专业代表，多个专业代表可以单独或者一起办理事务，但是建议申请人仅委托一个专业代表办理各项事务。

委托欧洲专利局官方专业代表数据库中的专业代表通常不需要提

---

❶ A. 133（1）.
❷ R. 151（1）.
❸ http：//www.epo.org/applying/online-services/representatives.html.

交委托书，除非在特定情形下需要提交委托书。❶ 委托成员国的专业代表需要提交委托书。申请人委托雇员作为其代表的也必须提交委托书。委托可以分为单独委托和总委托，委托相关表格可从欧洲专利局网站下载。❷ 总委托在欧洲专利局备案登记，是一种实用选择。❸

如果需要委托书但是未在欧洲专利局规定的期限内提交委托书的，除了提交申请和缴费外，专业代表所办的任何事项将被视为未办理。

（三）必须委托专业代表而未委托的后果

必须委托专业代表的申请人未委托专业代表的，欧洲专利局发通知要求申请人在发文日起2个月内委托专业代表。在委托专业代表之前，除了提交申请（或办理 Euro-PCT 申请的进入手续）和缴费外，申请人办理的所有事务均视为未办理。在2个月期限内仍未委托的，申请将被驳回。申请被驳回后申请人可以请求继续处理。如果在驳回决定之日起2个月内委托了专业代表且缴纳了继续处理费的，继续处理请求被欧洲专利局接受。

（四）Euro-PCT 申请委托代表的特殊之处

对于必须委托专业代表的情形，同欧洲申请的申请人可以自己提交申请一样，Euro-PCT 申请的申请人也可以在优先权日起31个月期限届满前，自己缴费，提交1200表❹，提交修改文件，提交译文等。优先权日起31个月期限届满后，同欧洲申请一样，除缴费外，申请人必须委托专业代表办理所有事宜。建议必须委托专业代表的申请人提前委托专业代表在欧洲专利局办理相关事务，在办理进入欧洲地区阶段手续之前委托，并在1200表中指定。

PCT 申请国际阶段委托的专业代表如果不是欧洲专利局承认的，则不能代表申请人在欧洲专利局办理任何事务。而且即使国际阶段指定的专业代表是欧洲专利局承认的，也并非在欧洲地区阶段自动指

---

❶ Special edition No. 3, OJ 2007, L. 1。该特定情形是指：申请要变更专业代表，变更后的专业代表与原专业代表不属于同一个代理机构，且未提交原专业代表的解除委托声明，此时变更后的专业代表必须提交委托书。

❷ http://www.epo.org/applying/forms-fees/forms.html。

❸ OJ 1985, 42; OJ 1986, 327 2007, L. 1。

❹ 欧洲专利局制定的 PCT 申请进入欧洲地区的标准请求书表格，下载地址：http://www.epo.org/applying/forms-fees/forms.html。

定，需要一份单独的指定。唯一的一种不需要单独指定的情形是该 PCT 申请国际阶段的受理局是欧洲专利局，专业代表是欧洲专利局作为受理局时就已经指定的专业代表，且已明确表明专业代表延伸至欧洲地区阶段。

（五）欧洲专利局的通知书发送给谁

申请人委托了专业代表的，欧洲专利局发送的通知寄给专业代表；如果申请人未委托专业代表，但是委托了雇员作为代表，通知寄给代表公司的雇员；如果既没有委托专业代表也没有指定代表，通知将寄给申请人。❶

对于欧洲专利局发送的通知寄给申请人的情形，如果申请人的营业所在不同的地域，而且申请人希望欧洲专利局的通知书寄往处理申请的部门，而处理申请的部门与请求书中记载的申请人地址不同，则可以在请求书中注明申请人的通信地址。在注明了通信地址的情形下，欧洲专利局发送的通知将寄往通信地址，在未注明通信地址时，欧洲专利局发送的通知将寄往申请人的地址。

二、发明人的指明

（一）如何指明发明人

每件申请都必须指明发明人，❷ 发明人信息在公布时公开。如果申请人不是发明人或者不是唯一的发明人，应该提交一个单独的文件指明发明人。❸ 纸件提交申请的，如果申请人不是发明人或者不是唯一的发明人，应该提交一个单独的文件指明发明人；如果申请人是唯一发明人，在请求书1001表❹22栏复选申请人同时也是发明人即可。电子提交申请的，发明人指定是欧洲专利局在线提交软件的一部分，使用软件制作电子申请的，只需要按照软件提示填写即可。

提交单独文件指明发明人的，文件中必须包含发明人的姓氏、名

---

❶ A. 119; R. 125-130.
❷ Art. 81.
❸ R. 19.
❹ 欧洲专利局制定的欧洲专利申请标准请求书表格，下载地址：http://www.epo.org/applying/forms-fees/forms.html.

字、详细地址（满足通邮要求）、发明人资格声明、申请人或其代表的签名。

如果指明发明人的文件未提交，或者文件有缺陷（例如缺少发明人的姓名或地址，缺少申请人的签名等），则指明发明人的文件无效。未在提交申请时指明发明人的，欧洲专利局将发通知要求申请人在优先权日（或申请日）起16个月内，最晚在公布技术准备完成之前（申请公布日前5周）改正缺陷❶，如果未在期限内改正缺陷，则申请被驳回，但申请人可以请求继续处理。

（二）欧洲专利局通知发明人其申请的相关信息

如果申请人不是发明人或者不是唯一的发明人，欧洲专利局必须通知发明人申请相关信息，包括其被指明为发明人，同时告知申请号、申请日、优先权信息（包括优先权号、优先权日、优先权国别）、申请人姓名、发明名称、指定国。❷ 根据申请人指明的发明人的地址信息，欧洲专利局发通知给所有发明人告知申请相关信息。如果信件因原址查无此人或者发明人已迁移新址而退回欧洲专利局，欧洲专利局将询问申请人是否有发明人新的地址。如果申请人提供了新的地址，欧洲专利局按照新地址给发明人发通知，没有新地址的才不再尝试发通知。发明人可以书面告知欧洲专利局放弃被通知的权利，放弃声明必须由发明人自己提交且包含欧洲专利局要提供给发明人的信息：申请号和申请日（如果已知）、在先申请号、在先申请日、在先申请国家（如果已知）、申请人姓名、发明名称、指定的成员国、其他发明人的姓名。

（三）发明人是否可以放弃权利

发明人可以书面形式放弃作为发明人的权利，如果放弃的声明在公布前到达欧洲专利局，则该发明人不公布。

发明人还可以放弃被通知其申请相关信息的权利。

---

❶ Art. 81; R. 60.
❷ Rule 19 (3), (4).

三、成员国和延伸国的指定

（一）如何指定成员国和延伸国

提交申请时请求书1001表❶中默认指定所有成员国，但是后续需要缴纳指定费来确认指定，一笔指定费覆盖所有成员国。❷ 指定费必须在检索报告公布之日起6个月内缴纳，❸ 如果未在期限内缴纳的，申请将被视为撤回。申请人可以在欧洲专利局发出视为撤回通知书后2个月内请求继续处理。申请人请求继续处理除了要缴纳指定费外，还需要缴纳继续处理费。

延伸也是在申请时默认所有延伸国，需后续对每个延伸的国家分别缴纳延伸费来确认延伸。延伸费也必须在检索报告公布之日起6个月内缴纳，如果未在期限内缴纳的，延伸请求被视为撤回，欧洲专利局将不会给申请人发送相关通知。延伸费缴纳期限届满后两个月内，仍可缴纳延伸费，但同时还需要额外缴纳延伸费的50%作为罚金。如果延伸费和指定费均未在期限内缴纳，欧洲专利局将发出视为撤回通知，申请人也可以请求在继续处理的期限内缴纳延伸费及50%的罚金。

多个申请人共同提交欧洲申请的，多个申请人可以指定不同的成员国。申请人也可以特别撤回对某成员国的指定。需要注意的是瑞士和列支敦士登必须同时被指定❹。

（二）Euro-PCT申请如何指定成员国和延伸国

Euro-PCT申请缴纳指定费和延伸费的期限是国际检索报告公布之日起6个月内或者优先权日起31个月，以后到期为准。❺ 除非属于提前进入的情形，通常在办理PCT申请进入欧洲地区阶段手续的时候已经超出国际检索报告公布之日起6个月的期限，因此通常情况下，申请人应在优先权日起31个月内缴纳指定费和延伸费。如果申

---

❶ 欧洲专利局制定的欧洲专利申请标准请求书表格，下载地址：http://www.epo.org/applying/forms-fees/forms.html。
❷ Guid. A-Ⅲ, 12; Art. 2, item 3, RFees.
❸ Art. 79 (2), 94 (1); R. 39; R. 70 (1).
❹ OJ 1980, 407.
❺ Art. 79 (2) EPC; R. 39, 159 (1) (d) EPC; Art. 2 (1) .3 RFees.

请人未在期限内缴纳指定费或者延伸费，Euro-PCT 申请同欧洲申请的后果相同，后续补救的程序也相同。

Euro-PCT 申请的指定仅在 PCT 申请已指定了 EPC 成员国的情形下有效。由于 PCT 申请请求书表格中自动指定了所有国家和地区，因此进入欧洲地区阶段缴纳指定费就明确指定了所有 EPC 成员国（因为 EPC 所有的成员国同时也是 PCT 成员国），例外情形是申请人在国际阶段撤回了对某些 EPC 成员国的指定。Euro-PCT 申请的指定同欧洲申请一样是通过缴纳指定费来确认。

在某些特定情况下，PCT 申请在国际申请日时指定了一个还不是 EPC 成员国的国家，但是该国与欧洲专利局签订的延伸协议已生效，在进入欧洲地区阶段时，默认指定了该延伸国。但是，如果未在规定期限内缴纳相应的延伸费，则对该延伸国的指定视为撤回。在缴纳延伸费的期限内，申请人一定要仔细核查可以对哪些国家延伸，是否希望在延伸国获得保护。如果申请人希望在该延伸国获得保护，则应该在规定期限内针对该缴纳延伸费。

如果 PCT 申请的申请人希望在欧洲地区的某个国家获得专利权，但是该国既不是 EPC 的成员国也不是延伸国，则该 PCT 申请必须进入该国的国家阶段以获得专利保护。

（三）撤回对成员国的指定的情形

申请人什么情况下需要撤回对成员国的指定呢？例如，欧洲申请的在先申请是成员国申请，申请人可以撤回对该成员国的指定来避免在该成员国的重复申请。目前一笔指定费可以指定所有成员国，因此实际上撤回对成员国指定的案例已经非常少。

可以在任何时候撤回对成员国的指定，撤回对成员国的指定后，欧洲申请在该成员国视为撤回。

四、申请文件

（一）申请文件中的禁止事项

申请文件中的禁止事项主要体现在以下几个方面：[1]

---

[1] R. 48.

首先，申请中不能包含违反公共道德的内容，例如，煽动暴乱、违反公共秩序、种族或宗教歧视、违法或淫秽内容都是绝对禁止的。

其次，申请中不能含有贬低任何第三方的产品和方法，或任何第三方申请或专利的功效或有效性的表述，仅与现有技术的比较不视为贬低本身。

最后，明显不相关或不必要的语句也不允许包含在申请文件中。

受理部门在审查中阻止禁止事项的公布，通知申请人删除相应内容。

（二）申请文件共同的文字格式要求

申请文件在文字格式方面主要有以下几方面的要求：❶

首先，申请文件是一式一份。申请文件（说明书、权利要求、附图、摘要）必须仅提交一份，申请日后提交的替换原始文件的文件也是一式一份。

其次，纸件提交申请的，文件必须使用白色 A4 纸。

再次，请求书、说明书、权利要求、附图、摘要每份文件都必须作为单独的一部分，按照请求书、说明书、权利要求、摘要、附图的顺序摆。

最后，请求书单独编页，说明书、权利要求、摘要、附图一起连续编页。在每页上用阿拉伯数字编页，页码编号位于顶部中间位置。页边距要求距顶部 2cm、底部 2cm、左侧 2.5cm、右侧 2cm。说明书和权利要求每 5 行要编号以标注行号，行号出现在页面左侧。文字应该是 1.5 倍行距。所有文件应打字印刷，字体最小 0.21cm（通常的 9 号或 10 号字体），且不允许手写添加。

（三）说明书的形式要求

说明书要求包含技术领域，背景技术，发明内容（解决的技术问题、技术方案、技术效果），附图说明，具体实施例，工业实用性说明几个部分。❷

建议采用上述体例撰写说明书。在特殊情况下，例如，基于描述有利于理解或基于经济因素的考虑可以采用其他撰写方式。

---

❶ R. 49；R. 50.
❷ R. 42.

(四) 权利要求的形式要求

权利要求的相关要求规定在《欧洲专利公约实施细则》第 43 条中。

首先，权利要求要清楚、简洁、得到说明书的支持。

其次，权利要求包含两部分，即前序部分和特征部分。独立权利要求必须包含发明的所有必要特征，从属权利要求是对所引用的独立权利要求的进一步限定；一般一个发明只有一项独立权利要求，一项独立权利要求可以有多项从属权利要求。

再次，权利要求必须使用阿拉伯数字顺序编号。

最后，权利要求撰写中最关键的是清楚地限定请求保护的发明，因为权利要求决定发明的保护范围。

同时需要注意的是，应适当限定权利要求的项数，避免不必要的重复。因为权利要求超过 15 项的，每项有附加费 235 欧元；❶ 51 项以上，每项的附加费更高达 580 欧元。❷ 首次提交权利要求之日起 1 个月内缴权利要求超项费。如果申请有多套权利要求，以权利要求最多的那套为准计算。未在期限内缴费，可以在收到欧洲专利局通知 1 个月内补缴，该期限不可延长。如果仍未缴费，未缴纳的权利要求被视为放弃。在实审程序中，审查员确认的授权文本中权利要求超出 15 项，应在收到通知之日起 4 个月内缴纳权利要求超项费，如果未在规定的期限内缴纳，申请被视为撤回。

(五) 附图的形式要求

关于附图的相关要求规定在《欧洲专利公约实施细则》第 46 条、第 48 条、第 49 条中。首先，说明书或者权利要求中未提及的附图标记不允许在附图中出现，反之亦然。相同的特征应具有相同的附图标记。附图中不允许含有文字，不可或缺且易于帮助理解的关键词除外（例如"水""蒸气"、电路板或图表中的短语等）。❸

高质量的图对于正确披露发明非常重要。❹ 如果图难以辨识，例

---

❶ 2016 年 4 月 1 日生效的费用数额，费用金额通常每两年调整一次。费用金额查询网址：http://www.epoline.org/portal/portal/default/epoline.Scheduleoffees。

❷ 2016 年 4 月 1 日生效的费用数额，费用金额通常每两年调整一次。费用金额查询网址：http://www.epoline.org/portal/portal/default/epoline.Scheduleoffees。

❸ R. 46 (2) (j).

❹ Art. 123 (2).

如，完全一片黑色，在后续阶段不允许提交能披露更多细节的图。EPC对照片没有做出规定，必要的情况下，可以提交照片。但是需要注意的是，虽然欧洲专利局接受彩色照片，但是彩色照片会被扫描处理成黑白格式。如果照片中的颜色信息与申请内容有关，则相关信息必然丢失，这是因为审查及公布的文本全是处理过的黑白文本。

如果提交电子申请，原始高质量的附图欧洲专利局可以直接使用，而纸件提交的附图经扫描后才能被欧洲专利局使用，存在质量不高的问题，会导致欧洲专利局发出缺陷通知书。因此基于提交高质量附图的考虑，也建议提交电子申请。

（六）请求书的形式要求

请求书必须使用欧洲专利局提供的1001标准表格。❶ 请求书中必须包含发明名称、申请人的姓名、地址、国籍和居所。如果有多个申请人，所有申请人都应该填写姓名、地址、国籍和居所。请求书必须由申请人或者申请人的代表签字，如果有多个申请人，每个申请人或申请人的代表都必须签字。

（七）发明名称的形式要求

发明名称必须清晰简洁地描述发明，且应避免歧义。发明名称中不得含有人名、俚语、"专利"或类似与发明无关的词语，不能含有类似"等"模糊的词语。仅含有"方法""装置""化合物"等词语因无法准确描述发明也不能作为发明名称。发明名称中不能含有商业名称和商标。发明名称明显不符合规定的，欧洲专利局可以依职权修改发明名称。

（八）摘要的形式要求

每件申请都应该包含摘要，摘要应概括发明的主要内容。摘要应当写明发明名称和所属的技术领域，反映所要解决的技术问题，解决该问题的技术方案的要点以及主要用途。摘要最好应控制在150字以内。

检索部对摘要的内容负责，因为摘要将随检索报告一起传送给申

---

❶ 欧洲专利局制定的欧洲专利申请标准请求书表格，下载地址：http://www.epo.org/applying/forms-fees/forms.html。

请人。❶ 如果检索部认为摘要内容不准确，可以重新制定摘要，并将重新制定的摘要随检索报告一起发送给申请人。但是如果检索部确认摘要明显与申请内容不符，将通知申请人其提交的摘要有误。

如果有附图的话，申请人还应该指明摘要附图。如果申请人未指明，可以由审查员决定一幅与摘要一起公布的摘要附图。审查员的决定体现在检索报告中。

五、要求优先权

（一）什么情形下可以要求优先权

如果在先申请是在《巴黎公约》成员方或者 WTO 成员方提交的发明、实用新型或者实用证书，在提交欧洲专利申请时关于同一发明主题可以要求优先权。❷ 如果在先申请正好是 EPC 成员国的申请，在后的欧洲专利申请仍可指定该成员国。要求优先权的在先申请也可以是 EP 申请或 PCT 申请。

时间期限上与《巴黎公约》的规定相同，申请人必须在首次申请提交之日起 12 个月内提交欧洲专利申请。

一件欧洲专利申请可以要求多项优先权，多项优先权可以属于不同国家。如果要求多项优先权，以最早确定的优先权日为准。❸

（二）如何要求优先权

首先，要求优先权应在请求书中填写优先权声明，必须指明在先申请日、在先申请国、在先申请号。❹ 如果提交申请时未在请求书中填写优先权声明，最晚在最早优先权日起 16 个月内提出优先权要求，指明在先申请日、在先申请国、在先申请号。尽管如此，仍建议申请人在提交欧洲专利申请的时候就在请求书中提出优先权要求。如果优先权声明不完整或者有误，申请人将被要求在最早优先权日起 16 个月内改正缺陷。申请人未在该期限内改正，将丧失优先权。❺

---

❶ R. 47.
❷ Art. 87.
❸ Art. 88（2），（3）.
❹ Art. 88（1）；R. 52, 53.
❺ R. 59.

(三) 优先权文件

申请人要求优先权，必须提交经证明的优先权文件。申请人应最晚在最早优先权日起 16 个月内提交优先权文件。若申请人未在该期限内提交优先权文件，该申请将丧失优先权。❶

优先权文件可以电子方式提交，这种方式仅适用于出具优先权文件的单位对该优先权文件进行数字签字，且欧洲专利局也认可该签字的情形。优先权文件不能以传真方式提交。❷

如果在先申请是 EP 申请，欧洲专利局受理的 PCT 申请，日本、中国、韩国受理的发明或者实用新型申请，美国受理的临时申请或正式申请，目前不需要提交优先权文件，欧洲专利局免费将优先权文件添加至申请文件中并且告知申请人添加优先权文件的事实。

通常 Euro-PCT 申请优先权文件欧洲专利局能获得，因为在 PCT 申请的国际阶段，申请人应向国际局提交优先权文件，在进入欧洲地区阶段时国际局会将收到的优先权文件传送给欧洲专利局。❸ 如果国际阶段申请人未提交优先权文件，可以在进入欧洲地区阶段时提交优先权文件。进入时未提交的，欧洲专利局通知申请人在不可延长的 2 个月内提交。❹ 如果申请人未在该期限内提交，其申请将丧失优先权。丧失优先权后可请求继续处理，申请人可在丧失优先权通知之日起 2 个月内提交继续处理请求，并缴纳继续处理费。例外的情形是，如果优先权文件丢失，但是申请人已经在期限内履行了 PCT 细则第 17 条❺的规定，其申请将不会丧失优先权。此时，实审程序仍然进行，但是在收到优先权文件之前无法作出授权决定。

同样，如果 Euro-PCT 申请的在先申请是 EP 申请，欧洲专利局受理的 PCT 申请，日本、中国、韩国受理的发明或者实用新型申请，美国受理的临时申请或正式申请，申请人在国际阶段未提交优先权文件，或者国际局未将优先权文件副本传送至欧洲专利局的，欧洲专利局都将免费添加优先权文件副本至欧洲 PCT 申请中，并且告知申请

---

❶ R. 59.
❷ OJ 2007 Spec. Ed. 3,.
❸ R. 17.2 PCT.
❹ R. 163 (2) (6) EPC.
❺ 三种情形：申请人已提交优先权文件；申请人已请求受理局制作并传送优先权文件，且已缴纳相关费用；申请人已请求国际局从数字图书馆获取优先权文件，且已提供了正确的查询码。

人添加优先权文件的事实。❶

如果优先权文件的语言不是欧洲专利局的官方语言，而优先权的有效性与发明的可专利性有关，则申请人应按照欧洲专利局的要求提交优先权文件的译文。如果申请有部分是通过援引加入方式提交的，欧洲专利局也有可能要求申请人提交优先权文件的译文。如果申请人已提交译文，则欧洲专利局不会再发出此通知。优先权文件的译文不一定是程序语言，也可以是官方语言中的一种。如果 EP 申请或者 Euro-PCT 申请是完整的在先申请的翻译，申请人提交一个声明已足够，欧洲专利局不会再发出要求翻译的通知。例如，在先申请在西班牙提交的，申请人可以声明申请是西班牙在先申请的完整翻译。

申请人是否在期限内提交优先权文件的译文或声明将影响优先权的有效性，而优先权的有效性将决定优先权日和申请日之间公开的文献能否用于评价申请的可专利性。如果申请人未提交优先权文件的译文或声明，优先权日和申请日之间的文献将成为现有技术。

（四）在先申请检索结果

要求优先权的，还必须提交在先申请的检索结果。检索结果的形式和格式没有严格要求。检索报告、引用的对比文件列表、审查报告的一部分都可以作为检索结果，但是申请人必须提交检索单位出具的完整文件。完整的文件不包括检索结果的译文以及引用对比文件的副本，即检索结果的译文以及引用对比文件的副本都不需要提交。如果在先申请是中国受理的发明或实用新型申请，则中国国家知识产权局发出的审查意见通知书可以作为在先申请的检索结果。

如果在先申请的检索报告由欧洲专利局作出，或者在先申请在澳大利亚、日本、韩国、英国或者美国提交，则不需要提交在先申请的检索结果。❷ 由欧洲专利局作出的检索报告包括以下几种类型❸：欧洲检索报告，PCT 国际检索报告，国际式检索报告或代表国家局（比利时、塞浦路斯、法国、希腊、意大利、立陶宛、卢森堡、马耳他、荷兰、圣马力诺、土耳其）作出的国家申请的检索报告。

提交 EP 申请时未得到在先申请的检索结果的，应在得到检索结果后立即提交。只要审查仍在进行中，申请人就有义务提交在先检索

---

❶ OJ 2012, 492.
❷ OJ 2011, 62; OJ 2013, 217.
❸ OJ 2010, 600.

结果。需要注意的是，在实审部门开始审查该申请的时候，如果申请人仍未提交检索结果，则审查员将发出通知要求申请人在 2 个月内提交检索结果，且该期限不可延长。如果申请人未在期限内提交，也未在期限内声明还未获得检索结果，则该欧洲专利申请将被视为撤回。❶ 欧洲专利申请视为撤回后，申请人可以请求继续处理。

Euro-PCT 申请在进入欧洲地区阶段时，也应提交在先申请的检索结果，但应注意该要求仅针对国际申请日在 2011 年 1 月 1 日之后提交的申请。❷ 同 EP 申请一样，Euro-PCT 申请在进入欧洲地区阶段时，其在先申请的检索结果还未获得的，申请人必须在得到该检索结果后立即提交。未提交检索结果的后果与 EP 申请相同。

（五）增加或改正优先权要求

申请人可以在最早优先权日起 16 个月内增加或改正优先权要求，❸ 由于增加或改正优先权要求可能导致最早的优先权日改变，所说的 16 个月以原始最早优先权日起 16 个月和新的最早优先权日起 16 个月两个期限中先到期的期限为准。但是这里所说的 16 个月期限不能早于申请日起 4 个月。总体来说，在最早的优先权日起 16 个月内或者是申请日起 4 个月内都可以请求增加或改正优先权要求，以后到期为准。

如果申请人在期限届满后提交增加优先权的请求，则该请求将被拒绝，且不可请求继续处理。因为这种请求处理的情况被《欧洲专利公约实施细则》第 135 条（2）排除，❹ 属于逾期后不可以请求继续处理的期限。

如果申请人在期限届满后提交改正优先权的请求，如果要求改正的优先权信息是一个显而易见的错误，则该改正优先权的请求被允许。

（六）恢复优先权

如果申请人未在优先权日起 12 个月内提交申请，但是在优先权日起 14 个月内提交申请，且在优先权日起 14 个月内请求恢复优先权

---

❶ Art. 124；R. 141，R. 70b；OJ 2010，410；OJ 2012，540.
❷ Art. 124 EPC；R. 70b，141 EPC；OJ 2010，410，600；OJ 2011，62，64.
❸ R. 52（2），（3）.
❹ 《欧洲专利公约实施细则》第 135 条（2）排除了不可请求继续处理的情形。

要求，缴纳恢复费，并提交相应的文件（请求恢复的信函及必要的证据）的，可请求恢复优先权要求。❶

Euro-PCT 申请可以根据 PCT 细则第 49 条之三请求恢复优先权要求，欧洲专利局恢复优先权要求适用的标准是"适当注意"，"非故意"标准在欧洲专利局不适用。如果已向受理局提交了恢复请求，需要视情况决定是否应向欧洲专利局提交恢复请求。如果受理局基于"适当注意"标准恢复了优先权，不需要再次向欧洲专利局提交优先权要求恢复请求，因为欧洲专利局原则上承认受理局的决定。但是，如果欧洲专利局有合理理由怀疑受理局的决定，将通知申请人。欧洲专利局在通知书中将陈述怀疑的理由并指定申请人提交陈述的时间期限。如果受理局基于"非故意"标准恢复优先权，申请人必须向欧洲专利局再次提出恢复请求，因为受理局基于"非故意"标准的决定对欧洲专利局没有约束力。

综合来说，如果申请人在 PCT 申请国际阶段未向受理局提交恢复请求、恢复请求被受理局拒绝、受理局基于"非故意"标准恢复优先权，则申请人在欧洲地区阶段希望恢复优先权的，就必须向欧洲专利局提出恢复请求。

Euro-PCT 申请在欧洲专利局请求恢复优先权的形式要求包括：❷

（1）优先权期限届满之日起 2 个月内提交 PCT 申请；
（2）以"适当注意"作为请求恢复的标准；
（3）必须在优先权日起 31 个月届满后 1 个月内提出优先权恢复请求；
（4）在 31 个月届满后 1 个月内缴纳优先权要求恢复费；
（5）恢复理由、证据和恢复请求一起提交。

（七）欧洲专利局如何审查优先权

优先权日决定可引用的现有技术。通常欧洲专利局仅对优先权要求进行形式审查，审查部门在发现优先权日和申请日之间的现有技术时才审查优先权是否有效。所要求的优先权中的相关技术方案必须从优先权文件中全部清楚披露，且能够直接推出。

如果优先权文件的语言非英语、德语、法语中的一种，而欧洲专利局审查部审查时发现必须核实优先权时，会通知申请人提交优先权

---

❶ Art. 122；R. 133；R. 134；R. 136.
❷ R. 26bis. 2（c）（ⅲ）PCT.

文件的译文。在审查和异议程序中，申请人也有可能收到要求提交优先权文件译文的通知。在某些情形下，要求申请人提交其欧洲专利申请是在先申请的完全译文的声明。若申请人未在期限内提交译文，则该申请将丧失优先权。

六、分案申请

（一）分案申请可享有母案的权利

分案申请可享有母案申请的申请日和优先权日。一般提交分案申请是因为母案申请不满足单一性要求。分案申请的技术主题不能超出母案申请记载的范围，如果内容上符合规定而且提交分案申请的时机也符合规定，则可以享受与母案申请相同的申请日和优先权日❶。

提交分案申请时母案申请中的所有指定国被默认为分案申请的指定国。但是，如果在提交分案申请时母案申请在指定的成员国已撤回或者视为撤回的，分案申请则不能指定这些国家❷。

（二）分案申请的提交时机

根据2014年4月1日生效的新规则，EPC中关于分案提交时机的规则被修改，即只要母案申请仍在处理中，就能提交分案申请，从而取消了之前提交分案申请受24个月期限的限制。2014年4月1日及之后提交的分案申请适用新的规定。❸

依据新规定，在母案申请被授权或者被最终驳回、视为撤回或者撤回之前，申请人都可以提交分案申请。在母案申请被驳回后、申诉期限届满前，无论是否提交申诉，都可以提交分案申请。分案申请应在审查部门对最早的母案申请发出第一次审查意见通知书之日起24个月内提交。分案申请也可以在审查部门首次提出申请缺乏单一性意见（可以是二代或者后续的分案申请）之日起24个月内提交。

2014年4月1日前的分案提交时机如此复杂的初衷是希望该制度能减少分案申请的总量，尤其是二代及后续分案的数量，从而为第三方提供法律确定性。但是，欧洲专利局开展的用户调查表明，分案

---

❶ Art. 82；Art. 76；R. 36；Art. 80.
❷ Art. 76（2）.
❸ http：//www.epo.org/law-practice/legal-texts/official-journal/2014/02/a22.html#q=DIVISIONAL.

申请的总量并没有减少，而且实际上导致了一代分案数量的增加（因为许多申请人决定在截止期限内提交数个一代分案，从而在相关欧洲专利申请被公开的情况下维护自己的权利）。此外，由于分案提交时机的规则非常复杂，申请人很难确定提交分案的截止期限。由于用户的负面反馈，同时意识到现行的制度并没有实现预期目标，欧洲专利局行政委员会决定取消现行制度，同时恢复以前的制度，原制度只要求拟进行分案的申请（即母案申请）仍在处理中即可。

随着分案提交时机的修改，为达到控制二代分案（以分案申请作为原申请提起的分案申请称为二代分案）及后续分案申请总量的目的，行政委员会还在同一天决定提高分案申请的申请费，尤其是后续分案的申请费。自2014年4月1日起，以分案申请作为原申请再提起分案申请需要额外缴纳费用，且该项费用的数额随着分案申请的级数而递增，在分案申请达到一定级数时成为一个固定的数额。

2016年4月1日生效的"费用相关规则"中规定二代分案需缴纳的额外费用是210欧元，三代分案需缴纳的额外费用是425欧元，四代分案需缴纳的额外费用是635欧元，五代及以上分案需缴纳的额外费用是850欧元。❶

PCT进入欧洲地区阶段后，可以就申请中的一个或多个技术主题提交分案申请。如果申请人请求提前处理，从提前处理请求生效日起可以提交分案申请。

（三）分案申请的特殊规定

分案申请必须直接向位于慕尼黑、海牙和柏林的欧洲专利局提交，不可以向成员国主管当局提交，推荐以在线提交的方式提交。提交分案申请后，每个分案申请被认为是一个独立的专利申请。

分案申请必须在请求书1001表❷的第27栏标注母案申请的申请号，并且要在1001表27.1栏标注是几代分案。

分案申请的提交语言必须与母案申请一致。如果母案申请不是以英语、德语、法语提交的，分案申请的语言也必须与母案申请一致，并在分案申请提交2个月内提交相应的译文。

---

❶ 费用金额通常每两年调整一次。费用金额查询网址：http://www.epoline.org/portal/portal/default/epoline.Scheduleoffees。

❷ 欧洲专利局制定的欧洲专利申请标准请求书表格，下载地址：http://www.epo.org/applying/forms-fees/forms.html。

分案申请的申请人必须和母案申请的申请人一致。如果母案申请发生了权利转移，则必须在母案申请的权利转移在欧洲专利局登记生效后，才可以由新的权利人向欧洲专利局提交分案申请。

分案申请同样要缴纳申请费和检索费，未在期限内缴费应承担相应的法律后果。如果分案申请在母案申请提交 24 个月后提交，申请人必须在提交分案申请之日起 4 个月内缴纳维持费。如果未在规定期限内缴纳，可以在届满后 6 个月内缴纳，前提是要在此期限内缴纳滞纳金。分案申请的检索费可以部分或者全部退还，退还的程度基于母案申请检索报告的可利用程度。

七、生物申请

（一）序列表的形式要求

如果申请涉及序列表，必须在请求书表格第 38 栏中指明申请包含了序列表，将序列表作为说明书的一个单独部分，并提交电子形式序列表。如果提交了纸件序列表，必须声明纸件序列表的内容与电子序列表的内容一致。如果在线提交电子申请，必须将序列表作为附件提交。❶

序列表必须使用标准格式，建议使用欧洲专利局免费软件 BiSSAP 或 PatentIn 制作标准序列表。如果序列表未使用标准格式，甚至在欧洲专利局发出通知后仍未满足要求，申请将被驳回。

（二）生物材料的形式要求

如果申请涉及生物材料，必须在申请日之前（有优先权的，指优先权日）将生物材料样本保藏在欧洲专利局认可的保藏机构。❷ 这些机构是《布达佩斯条约》下的国际微生物保藏机构。在欧洲专利局网站和公报上每年都会公布认可的保藏机构的名单，公报上也会公布该名单的变化及其他相关信息。

在申请中必须填写可获得的关于生物材料特征的信息。❸ 如果生物材料已由其他人保藏，必须在申请中声明保藏者的姓名和地址，同

---

❶ R. 30, 57; OJ 2011, 372, 376.
❷ Art. 53 (b), 83; R. 31-34.
❸ R. 31 (1) (b).

时提交证明文件证明保藏者授权申请人在申请中引用该保藏的生物材料，并且需要保藏者提供无保留且不可撤销的声明来说明保藏材料已处于公众可获得的状态。❶

通常在申请日起16个月内（有优先权的，优先权日起16个月内）声明保藏机构和生物材料保藏序列号。❷ 如果在公布的技术准备工作完成前声明了保藏机构和生物材料保藏序列号的，则16个月的期限视为被满足。如果未满足要求，相关生物材料不能被认为已依照规定披露。与生物材料相关的请求书第34-37栏必须填写，第34-37栏是为了提醒欧洲专利局注意申请人根据《欧洲专利公约实施细则》第31条的规定保藏了引用的生物材料，同时也提醒申请人注意在《欧洲专利公约实施细则》第31条（2）规定的期限届满前克服所有缺陷。

欧洲专利申请自公布之日起，已保藏的生物材料对任何请求人都处于可获得状态，但仅限于在请求人向申请人或者所有人保证严格按照相关规定运输和使用生物材料的情形下。❸ 在公布技术准备完成之前，申请人可以告知欧洲专利局，在一定的期限内获取生物材料的唯一途径是向专家索要样品。❹ 这里所说的专家可能是由申请人和请求人共同协商任命的专家，或请求人在欧洲专利局网站发布的欧洲专利局认可的专家名单中选出的一位。在公布的EP申请中有"专家"选项的，表示获得生物材料唯一途径是通过专家获得。请求人请求获得保藏的生物材料也需要提交表格，表格可从欧洲专利局网站下载。请求人需提交给欧洲专利局完整的表格，欧洲专利局将证实并传送表格给保藏单位。

八、不丧失新颖性公开

（一）不丧失新颖性公开的范畴

《欧洲专利公约》对于现有技术的定义是：在申请日或者优先权日之前，在世界上任何地方以书面、口头、公开使用或者以其他方

---

❶ R. 31 (1) (d).
❷ R. 31 (1) (c), (2).
❸ R. 33.
❹ R. 32; OJ 2010, 498.

式公开，使技术处于可以获知的状态，都属于现有技术。新颖性是基于现有技术的单独评价方式。❶

《欧洲专利公约》第 55 条规定不丧失新颖性公开的范畴仅限于申请日前 6 个月内他人的滥用或者展览公开（《巴黎公约》规定的国际展览会的范畴）。除了这两种情形外，申请日前的任何公开，即便是申请人自己公开的，或者上述两种情形的二次公开，都会构成申请的现有技术，影响申请的新颖性。

（二）如何声明展览公开

如果欧洲专利申请属于展览公开的情形，应在提交申请时声明发明已在官方认可的国际展览会上展出（国际展览局认可的国际展览会在欧洲专利局官方公报上公布），同时必须在申请日起 4 个月内提交展会证明。❷ 展会证明必须由展览会中负责知识产权保护的部门正式出具，必须记载发明在展览会中展出以及展览会的开始日期。如果发明首次公开日期不同于展览会开始日期，还必须记载发明首次公开日期；展会证明还必须附有官方出具的发明特征文件。

受理部门负责核查展会证明。展会证明存在缺陷的，受理部门将通知申请人改正，并给予 4 个月的改正期限。如果申请人未在规定期限内提交符合要求的展会证明，申请将被视为未要求不丧失新颖性宽限期。在丧失新颖性宽限期的权利后，申请人可以请求继续处理。

（三）Euro-PCT 申请展览公开的特别之处

Euro-PCT 申请展览公开的特别之处在于提交展会证明的时机。如果 Euro-PCT 申请涉及展览公开的，应该在优先权日起 31 个月内提交展会证明。申请人未在规定期限内提交展会证明的，相关展览会上披露的信息将影响新颖性。申请人未在 31 个月期限内提交展会证明的，欧洲专利局不会发通知要求申请人提交展会证明，而是直接通知申请人丧失新颖性宽限期的权利。申请人在丧失权利后可以请求继续处理。请求继续处理需要在通知规定的 2 个月内提交展览证明同时缴纳继续处理费。

---

❶ Art. 54（2），89.

❷ Art. 55（1）（b），（2）；Rule 25.

第四节　关于欧洲检索程序的常见问题

一、欧洲检索的启动时间

在受理部门进行形式审查的过程中，检索部门启动检索程序。如果申请人希望尽快得到检索结果，可以在提交申请时免费请求加快检索，欧洲专利局将尽力加快检索。针对欧洲首次申请，无论申请人是否提出加快请求，欧洲专利局都将自动加快检索。❶

二、欧洲检索的检索对象

对于 EP 申请，检索程序是必经的程序。

对于 Euro-PCT 申请，如果在国际阶段欧洲专利局作为国际检索单位或补充国际检索单位，则欧洲专利局不再进行检索；如果申请日在 2005 年 7 月 1 日前且国际阶段的国际检索单位是奥地利专利局、西班牙专利商标局或瑞典专利和注册局，欧洲专利局也不再检索；对于其他情形，Euro-PCT 申请必须经历检索程序。

三、欧洲检索的检索基础

欧洲检索的检索基础是权利要求，适当考虑说明书和附图。

需要注意的是，对于进行补充检索的 Euro-PCT 申请，在补充检索前，欧洲专利局将通知申请人有机会修改申请文件，并以修改后的申请文件作为补充检索的基础。因此，对于 Euro-PCT 申请，申请人不应该放弃补充检索前的修改机会。

四、检索程序中申请人获得的文件

检索程序中申请人最终得到的是检索报告、对比文件和书面意

---

❶ Art. 92；R. 61；OJ 2010, 352.

见。检索报告完成之后，欧洲专利局将立即发送给申请人，检索报告中记载检索结果，同时还附有引用的对比文件，以及发明是否满足《欧洲专利公约》授权条件的书面意见。检索报告是公开的文件，但是对比文件和书面意见并不随检索报告一起公开。

在制定检索报告时，检索部门审查并决定摘要、发明名称、摘要附图的内容。如果检索报告和申请一起公开，摘要（无论是被认可的原始摘要还是审查员重新制定的摘要）、发明名称、摘要附图的信息将随检索报告一同发送给申请人；如果申请公开后检索报告单独公开，摘要不再随检索报告发送给申请人，但是发明名称以及摘要附图的信息仍然随检索报告发送给申请人。

欧洲专利局将发送给申请人一份对比文件。如果申请人需要两份对比文件，可以通过在请求书表格中勾选相应的选项并缴纳一定的费用来获得。

如果申请人出于加快审查目的而放弃接收通知❶，则检索部门的书面意见不再发送给申请人。在这种情形下，申请人收到的第一次书面意见是由审查部门发送的。

五、检索报告的利用

申请人收到检索报告后，首先要对检索报告进行分析。如果分析结果没有任何授权前景，可以主动撤回申请。如果有授权前景，申请人可以继续后续程序，并可以根据检索报告的结果有针对性地修改申请。

若检索报告给出完全正面的意见，没有任何负面意见，欧洲专利局告知申请人可在检索报告公布之日起 6 个月内修改申请文件；如果检索报告中有负面意见，欧洲专利局将通知申请人进行改正，如果申请人未在通知送达之日起 6 个月内回复检索意见，申请将被视为撤回。

六、检索程序中对无法检索内容的处理

如果无法对全部或者部分技术主题进行有意义的检索，欧洲专利

---

❶ R. 70（2）.

局将通知申请人在 2 个月期限内指明检索的技术主题。如果申请人的陈述仍无法克服缺陷，欧洲专利局将发出部分检索报告或者关于无法进行有意义检索的声明。需要注意的是，在答复这类需要申请人予以明确其意见的通知书的时候，不能修改申请文件。❶

审查部门负责审查申请的时候，将要求申请人删除申请中无法检索的主题，除非审查部门认为检索部门有关无法检索主题的认定是错误的。

七、检索程序中对缺乏单一性的处理

如果一件申请缺乏单一性，欧洲专利局将通知申请人在 2 个月期限内指明检索哪组权利要求。如果申请人未答复，检索将基于第一个发明主题；如果申请人希望检索报告覆盖其他发明，则必须在不可延长的 2 个月期限内对每项发明缴纳检索附加费。❷同样，在答复这类需要申请人予以明确其意见的通知书的时候，不能修改申请文件。

如果申请人未答复，且后续审查部门认为检索部门的决定是正确的，则被认为是申请人仅希望以被检索的发明为基础进行后续程序，申请不能包含未缴纳附加检索费的权利要求，但是申请人可以针对这些技术主题提出分案申请。

如果申请人缴纳了检索附加费，而审查部门发现检索部门要求缴纳检索附加费的决定是不合理的，根据申请人的请求，已缴纳的检索附加费可全部退还。

八、检索费的减免及退回

对于 EP 申请，检索费的退回比例取决于在先申请检索结果（在先申请的检索由欧洲专利局作出）的可利用程度。即如果 EP 申请的在先申请由欧洲专利局完成检索工作，EP 申请的审查员根据在先申请检索结果的可利用程度决定检索费的退回程度。如果是分案申请，检索费可以全部或部分退回，退还的程度由审查员根据已获得检索结果的可利用程度决定。

对于 Euro-PCT 申请，检索费的减免取决于制定国际检索报告的

---

❶ R. 137（1）。
❷ R. 62a；R. 63；R. 137（5）。

国际检索单位。如果在国际阶段欧洲专利局已作为国际检索单位或补充国际检索单位，则相应的 Euro-PCT 申请不再进行欧洲检索，也不需要缴纳检索费。申请日在 2005 年 7 月 1 日至 2016 年 6 月 30 日之间的申请，在国际阶段由奥地利专利局、西班牙专利商标局、瑞典专利和注册局、芬兰国家专利与注册委员会或者北欧专利局作出国际检索报告或者补充国际检索报告的，欧洲补充检索的检索费减免 1110 欧元。❶ 如果美国专利商标局、日本特许厅、俄罗斯联邦知识产权局、澳大利亚知识产权局、中国国家知识产权局作为国际检索单位，检索费也有一定的减免。申请日在 2005 年 7 月 1 日之前的 Euro-PCT 申请检索减免 20%；申请日在 2005 年 7 月 1 日及之后的 Euro-PCT 申请检索费减免 190 欧元。

如果 Euro-PCT 申请的申请人声明其在先申请的检索报告由欧洲专利局作出，则可以要求将全部或部分检索费退回。退回的比例取决于早期检索的可利用程度。

九、Euro-PCT 申请缺乏单一性的处理

如果 PCT 申请不满足单一性要求，《欧洲专利公约实施细则》第 164 条对其进入欧洲地区阶段时作出了程序规范。新修订的《欧洲专利公约实施细则》第 164 条于 2014 年 11 月 1 日生效。❷

（1）2014 年 11 月 1 日之前。

对于缺乏单一性的另一个发明主题，Euro-PCT 申请在国际阶段未经欧洲专利局检索的，只有在其分案申请中才能检索该主题。一件包含多个技术主题的 Euro-PCT 申请，其多个技术主题是否都被检索取决于该申请的国际阶段。

如果欧洲专利局在国际阶段曾对要求保护的技术主题做过检索，在欧洲地区阶段不再对 Euro-PCT 申请进行检索。即在欧洲地区阶段是否对 Euro-PCT 申请检进行索取决于欧洲专利局是否对该主题在国际阶段做过检索。

如果欧洲专利局在国际阶段曾作为国际检索单位（ISA）/补充国际检索单位（SISA），则欧洲专利局不对该 Euro-PCT 申请进行补充欧洲检索。在进入欧洲地区阶段时，申请人应选择欧洲专利局作为

---

❶ http://www.epo.org/law-practice/legal-texts/official-journal/2016/01/a3/2016-a3.pdf.
❷ OJ 2013，503.

ISA/SISA 已经检索过的一个发明主题作为审查的基础。

如果欧洲专利局在国际阶段未作为国际检索单位（ISA）/补充国际检索单位（SISA），欧洲专利局将对该 Euro-PCT 申请进行补充欧洲检索。在进入欧洲地区阶段后，欧洲专利局仅检索权利要求中的第一组发明主题（或者是在进入时修改过的权利要求的第一个技术主题），无论国际检索单位是否对其作出过检索，也不管在国际阶段是否指出了单一性缺陷。尽管国际检索单位关于单一性的结论对欧洲专利局没有约束力，但是由于所有的国际检索单位采用同样的审查标准，因此欧洲专利局会参考国际检索单位的结论。因此，如果国际检索单位（ISA）/补充国际检索单位（SISA）认为申请不符合单一性规定，将建议申请人在规定期限内修改申请，并希望将进行补充检索和审查的发明主题放在权利要求书的前面。补充欧洲检索的发明主题是后续审查的唯一发明主题，如果申请人希望另一个发明主题也被审查，应提交分案申请。

（2）2014 年 11 月 1 日之后。

根据修改后的《欧洲专利公约》第 164 条，申请人有机会在进入欧洲地区阶段 2 个月期限内，针对未检索的发明主题缴纳额外检索费，以实现补充欧洲检索覆盖这些在国际阶段未被检索的发明主题。后续申请人可以选择以欧洲专利局检索后的任一发明主题作为后续审查的基础，而不一定是以第一个发明主题作为后续审查的基础。对于欧洲专利局是国际检索单位（ISA）/补充国际检索单位（SISA）的情形，因不进行补充欧洲检索，申请人可以缴纳额外检索费来启动补充欧洲检索，以使欧洲专利局检索在国际阶段未被检索的发明主题；对于欧洲专利局不是国际检索单位（ISA）/补充国际检索单位（SISA）的情形，在进行补充欧洲检索时申请人也可以选择缴纳额外检索费的方式来使检索包含所有发明主题。

以下举例说明修改后对申请人的影响：

在国际阶段欧洲专利局未被选择作为国际检索单位或补充国际检索单位的情况下，如果申请文件不符合单一性要求，在进入欧洲地区阶段后，根据修改前的规则，欧洲专利局仅须就权利要求书中首先提及的发明起草补充欧洲检索报告（SESR），而其他发明申请仅可以通过提交分案申请来获得欧洲专利局检索的机会。而根据修改后的新规则，如果欧洲专利局认为 Euro-PCT 申请不符合单一性要求，它将对符合单一性要求的部分发明起草 SESR，并同时通知申请人缴纳额外检索费，申请人有权在收到欧洲专利局通知之后通过缴纳额外检索费使其他发明申请获得欧洲专利局的检索。

在国际阶段欧洲专利局被选择作为国际检索单位或补充国际检索单位的情况下，根据修改前的规则，如果欧洲专利局认定申请缺乏单一性或要求了未被欧洲专利局检索过的发明，只能要求申请人对权利要求作出限制。修改后，如果欧洲专利局在欧洲地区阶段认定权利要求书包含了未被欧洲专利局检索过的发明，可要求申请人为此类发明缴纳额外检索费，并在申请人缴纳了额外检索费后对此类发明进行检索。

第五节　关于欧洲公布程序的常见问题

一、公布时间

申请在最早的优先权日起 18 个月公布。未要求优先权的，在申请日起 18 个月公布。申请人可以请求提前公布。❶

二、公布内容及公布语言

公布内容包含著录项目信息、说明书、权利要求、附图、摘要。如果欧洲检索报告在申请文件公布时已可获得，则作为附件公布（A1 类型公布）。如果检索报告在申请文件公布时不能获得，则后续单独公布（A3 类型公布）。需要注意的是，书面意见并不随检索报告一起公布。公布语言是欧洲专利局的程序语言，不以英语、德语、法语提交的申请以程序语言公布。❷

三、公布形式

所有欧洲申请，欧洲检索报告和欧洲专利说明书都在欧洲公布服务器上仅以电子形式公布。在欧洲专利局网站可查询所有公布信息。

---

❶ Art. 93.
❷ Guid. A-VI, 1.3; Guid. A-VI, 1.5.

四、不公布申请

如果欧洲专利申请在公布技术准备完成之前被驳回、撤回或者视为撤回,则不公布。❶ 如果申请人需要阻止公布,必须在公布技术准备完成之前(一般认为18个月届满前5周完成公布技术准备)提交撤回申请请求。

五、需重点关注的公布内容

申请人应核实公布信息是否准确无误,尤其要注意公布检索报告的日期,因为检索报告的公布日期是提交实审请求、实审费、指定费、延伸费期限的起算日期。公布前欧洲专利局会通知申请人,告知《欧洲专利公报》公布检索报告的日期,并且提示申请人注意提交实审请求(包括缴纳实审费)的期限,该期限是检索报告公布之日起6个月;同时告知申请人必须在《欧洲专利公报》公布检索报告之日起6个月内缴纳指定费和延伸费。

六、提交修改权利要求的时机

如果申请人在收到检索报告后、在公布技术准备完成之前(一般认为优先权日起18个月届满前5周完成公布技术准备)修改了权利要求,则修改后的权利要求将和原始权利要求一起公布,❷ 从而以修改后的权利要求为基础获得临时保护。因此,出于临时保护的目的,申请人最晚应该在公布技术准备完成之前提交修改的权利要求。

七、公布后在成员国和延伸国的临时保护效力

如果公布语言正好是成员国的官方语言,欧洲专利申请公布后在该成员国具有临时保护效力。如果公布语言不是该成员国的官方语言,成员国可能要求将权利要求翻译为其官方语言或其指定的语言后

---

❶ R. 67 (2).
❷ R. 68 (3).

才具有临时保护效力。该规定同样适用于延伸国。❶ 表 3-5 是各成员国和延伸国对申请获得临时保护的语言要求。

表 3-5　成员国或延伸国对申请获得临时保护的语言要求

成员国或延伸国	获得临时保护权利要求的语言
阿尔巴尼亚	阿尔巴尼亚语
奥地利	德语
比利时	法语、荷兰语、德语
保加利亚	保加利亚语
克罗地亚	克罗地亚语
塞浦路斯	希腊语
捷克	捷克语
丹麦	丹麦语
爱沙尼亚	爱沙尼亚语
芬兰	芬兰语
马其顿	马其顿语
法国	法语
德国	德语
希腊	希腊语
匈牙利	匈牙利语
冰岛	冰岛语
爱尔兰	英语
意大利	意大利语
拉脱维亚	拉脱维亚语
列支敦士登	不需要翻译
立陶宛	立陶宛语
卢森堡	法语或德语
马耳他	不需要翻译

---

❶ Art. 67.

续表

成员国或延伸国	获得临时保护权利要求的语言
摩纳哥	法语
挪威	挪威语
荷兰	荷兰语
波兰	波兰语
葡萄牙	葡萄牙语
罗马尼亚	罗马尼亚语
圣马力诺	意大利语
塞尔维亚	塞尔维亚语
斯洛伐克	斯洛伐克语
斯洛文尼亚	斯洛文尼亚语
西班牙	西班牙语
瑞典	瑞典语
瑞士	不需要翻译
土耳其	土耳其语
英国	英语
波黑	波斯尼亚语、塞尔维亚语、克罗地亚语
黑山	黑山语

资料来源：《与欧洲专利公约相关的成员国国内法》第Ⅲ章。

八、Euro-PCT申请在公布程序中的特别之处

原则上，PCT申请的国际公布取代了欧洲公布的效力。基于这一原则，如果国际公布语言是欧洲专利局官方语言之一，PCT申请自国际公布之日起就获得临时保护效力。除相关成员国对临时保护效力的语言有特殊要求外，PCT申请进入欧洲地区阶段后，欧洲专利局通知申请人在《欧洲专利公报》上公布的著录项目，并且确认Euro-PCT申请自国际公布日起在《欧洲专利公约》各成员国具有临时保护效力。如果国际公布语言不是欧洲专利局官方语言之一的，欧洲专利局将公布申请人在进入欧洲地区阶段时提交的申请文件译文。除相关成

员国对临时保护效力的语言有特殊要求外,该 Euro-PCT 申请自译文公布之日起在各成员国才具有临时保护效力。例如,某 PCT 申请的国际公布语言是英语,但是以英语进行的国际公布在西班牙无临时保护效力,必须将权利要求译为西班牙语才能获得在西班牙的临时保护效力;某 PCT 申请的国际公布语言是西班牙语,国际公布在西班牙有临时保护效力,但是申请人必须在进入欧洲地区阶段时向欧洲专利局提交申请文件的英语、法语或德语译文。

第六节 关于实质审查程序的常见问题

一、欧洲专利局提示申请人启动实审程序

欧洲专利局通常会发出相关通知给予申请人启动实审程序的指引。欧洲专利局通常会通知申请人在《欧洲专利公报》上记载的欧洲检索报告的公布日期,并提示申请人注意在该公布日起 6 个月内提交实审请求。如果通知中错误地指定了一个晚于实际公布日的日期,则该稍晚的日期作为提交实审请求和答复检索书面意见期限的起算日期。例外的情形是,如果该日期错误非常明显,则仍然以检索报告实际公布日作为提交实审请求和答复检索书面意见期限的起算日期。同时,欧洲专利局还在该通知中提示申请人应在《欧洲专利公报》上记载的欧洲检索报告的公布日起 6 个月内缴纳指定费和延伸费。

如果检索报告给出完全正面的意见,欧洲专利局将通知申请人可在检索报告公布日起 6 个月内修改申请文件;如果检索报告中给出了负面意见,欧洲专利局将通知申请人进行答复;如果申请人未在通知送达之日起 6 个月内回复检索意见,申请将被视为撤回。❶ 对于检索报告有负面意见的情形,申请人必须答复,欧洲专利局发送给申请人的是随检索报告一起发送的一个单独通知。

---

❶ R. 70a; R. 137.

二、提交实审请求

首先，提交实审请求的期限是《欧洲专利公报》上记载的欧洲检索报告的公布日起6个月。实审请求包括两个程序，一是文件意义上的提交实审请求，二是缴纳实审费。实审请求一旦提出，不能撤回。如果申请人未在期限内提交实审请求或者未在期限内缴纳实审费，欧洲专利局将相应地通知申请人其申请被视为撤回。针对丧失权利的通知，申请人可以请求继续处理。❶

事实上，在标准的请求书表格（1001表❷）中包含了实审请求，且该请求在1001表中已经被默认勾选。因此申请人只需要关注一个程序，即是否在规定期限内缴纳实审费。

在提交申请的时候，也可以缴纳实审费，而且提前缴纳实审费并不会对申请人产生不利影响。因为如果申请人在收到检索报告前有效提交了实审请求（包括提交实审请求及缴纳实审费），欧洲专利局必须通知申请人在规定的期限内明确是否继续实审程序，并且给予申请人答复检索意见、修改申请文件的机会。如果申请人不想继续实审程序，可以不答复欧洲专利局的通知，那么申请会被视为撤回，实审费将全额退回。如果申请人的本意并非不答复欧洲专利局的通知，这种情形下的视为撤回也可以请求继续处理。

如果申请人选择从授权账户自动扣款，实审费通常在欧洲检索报告的公布日起6个月期限届满时自动扣款。如果申请人请求放弃根据《欧洲专利公约实施细则》第70条（2）通知的权利（即申请人在收到检索报告前提交了实审请求的情况下，申请人放弃欧洲专利局通知申请人确认是否继续实审程序的权利），或者申请人在检索报告公布6个月内通过PACE计划请求加快程序，则实审费在收到申请人书面请求的当天扣款。❸

---

❶ Art. 94–98；R. 70–74.
❷ 欧洲专利局制定的欧洲专利申请标准请求书表格，下载地址：http://www.epo.org/applying/forms-fees/forms.html。
❸ AAD in Annex A.1 of Supplement to OJ EPO 3/2009.

三、申请人放弃接收确认是否继续实审程序的通知

如前所述,根据《欧洲专利公约实施细则》第 70 条 (2),如果申请人在收到检索报告前提交了实审请求,欧洲专利局必须通知申请人在规定的期限内明确是否继续实审程序,且该通知不答复还会导致申请视为撤回。如果申请人在提交申请之时就明确无论检索结果如何,都会启动实审程序,显然上述接收通知的程序不仅浪费时间还存在不答复视为撤回的风险。为了加快程序,申请人可以在请求书 1001 表❶中勾选放弃通知确认是否请求实质审查的权利,如果申请人勾选了该选项,欧洲专利局不发出确认通知,默认为申请人收到检索报告后继续审查程序,欧洲专利局发出检索报告后案件流转至实审部门,实审部门将开始审查程序。

四、实审程序中的加快程序

实审程序中申请人可以主动请求加快程序。如果申请人提交请求希望加快实审程序,审查员将尽一切可能在审查部门收到申请之日或者收到加快审查请求之日起 3 个月内发出第一次审查意见通知书。❷

五、实审程序启动前的修改机会

申请人在实审程序启动前有修改申请文件的机会。在收到检索报告前,申请人不能修改申请文件;❸ 在收到检索报告后,申请人可以修改申请文件,修改的期限为《欧洲专利公报》上记载的欧洲检索报告的公布日起 6 个月。❹ 需要注意的是:如果检索意见对申请提出了某些反对意见,欧洲专利局会发出通知要求申请人对检索意见进行答复,申请人可以进行针对性的意见陈述,也可以同时修改说明书、权利要求、附图。答复的期限为欧洲检索报告的公布日起 6 个月。如果申请人未在期限内答复,将导致申请视为撤回。

---

❶ 欧洲专利局制定的欧洲专利申请标准请求书表格。
❷ OJ 2010,352.
❸ R. 137 (1),(5).
❹ R. 137 (2).

如果检索意见对申请未提出任何反对意见，欧洲专利局不会发出要求答复的通知，仅告知申请人可以在期限内提交意见陈述或者修改文件。

六、实审程序中和审查员的互动

实审程序中的审查基于检索报告、书面意见和申请人针对检索报告和书面意见的答复，审查发明是否符合《欧洲专利公约》的规定，特别是发明是否具有可专利性。如果审查员对申请持反对意见，将发出第一次审查意见通知书，此时申请人应针对第一次审查意见通知书进行答复，必要时提交说明书、权利要求、附图的修改文本。如果申请人未在期限内答复，将导致申请视为撤回。

申请人针对第一次审查意见通知书进行答复或修改后，如果审查员仍认为申请不符合授权条件，将再次发出审查意见通知书或与申请人进行会晤、电话讨论。针对审查员的通知，申请人可以再次答复，修改申请文件。

审查程序中的指导原则是程序节约，尽量减少通知的来往次数，因此申请人必须在一次答复中针对审查员发出的审查意见通知书的所有反对理由进行答复。❶

申请人可以在任何时候请求口审程序。❷ 实审答辩程序中，如果审查员不同意授权，但是申请人有异议，则申请人可以请求审查员给予口审的机会。申请人可以在口审程序中向审查员充分表达自己的观点，以说服审查员，而且口审程序并不额外收取费用。

除了通知书的往来、会晤、口审等互动外，申请人还有可能被要求提供在先申请的检索结果。如果申请人未在期限内提供在先申请的检索结果或未说明未提供在先申请检索结果的原因，也将导致申请视为撤回。建议申请人得到在先申请的检索结果后尽快提交。实际上，审查部门在接管案件之时，就会审查申请人是否提交了在先检索结果。如果申请人未提交，则审查员将发出通知要求申请人在 2 个月内提交。如果申请人在该期限内仍未提交或说明原因，则该申请被视为撤回。如果申请人答复其暂时还未得到检索结果，则审查部门启动实审，但后续仍会要求申请人提交，而且审查员要求申请人提交的检索

---

❶ Guid. C-V, 1.
❷ Art. 116.

结果不限于在先申请的检索结果，还包括审查员认为相关申请的检索结果。

一件申请由3位本领域的审查员组成的审查组进行审查，其中一位审查员担任主审员，在作出最终决定前，由主审员对申请进行审查。主审员认为合适的时候会征求审查组其他成员的意见，最晚在作出最终结论前主审员将申请送交其他成员。授权或者驳回决定由3人审查组作出并发送申请人。驳回决定中包含了驳回理由，且该驳回理由可能是审查员在之前的审查意见通知书中指出但是申请人未予以答复的理由，因此申请人一定要珍惜答复机会，认真准备每次答复。

七、实审程序中修改的注意事项

《欧洲专利公约实施细则》第137条指出了修改申请文件（说明书、权利要求、附图）的注意事项，在实审程序中应根据审查员发出的审查意见通知书的要求对申请文件进行修改，未经审查员的同意不得进行进一步的修改，且修改不得超出原始文件记载的范围。尤其需要注意修改权利要求不得涉及未经检索的技术主题，因为这类权利要求不能与最初要求保护的发明相结合，形成一个单一的总的发明构思。从申请中删除技术主题时，申请人应该避免作出可能被解释为放弃该技术主题的声明。如果申请人被认为放弃了技术主题，则该技术主题不能被恢复。❶

在核查拟授权文本时，根据《欧洲专利公约实施细则》第71条（6），对说明书、权利要求、附图的修改限于小的修订和/或更正错误。例如，说明书中有一个错别字，错误是明显的，更正是唯一的，则可以根据《欧洲专利公约实施细则》第71条（6）对说明书进行修改❷。

八、修改申请文件的方式

修改申请文件包含以下三种方式：❸
（1）提交替换页。修改范围比较大且复杂的时候应采用这种修

---

❶ R. 137 (3), (5); Guid. C-IV, 6; Guid. H-II; Guid. H-IV, 2.1, 4.2.
❷ R. 137 (3); Guid. C-V, 4-5; Guid. H-II, 2.5, 2.6; OJ 2010, 637.
❸ Guid. H-III.

改方式。如果修改比较复杂，不能使审查员立即明确修改内容及修改原因，申请人应在替换页的边缘提供注解，或者单独提交对修改文件的说明。申请人在提交替换页的同时还必须提交信函陈述修改的内容。

（2）标注申请文件的相关页。如果修改范围不大，而且核查简单时，推荐使用这种方式。

（3）在信函中指明修改。如果申请人希望删除整页、整段或者附图，适合采用这种修改方式。

如果申请人以纸件提交修改文件，所有的修改文件均应该打印。2014年1月1日起，欧洲专利局不再接受以手写方式替换的部分欧洲专利申请文本。在口审程序中，建议申请人携带存有申请文件的笔记本电脑，以便进行修改。欧洲专利局也提供相应的设备，其开放给申请人和专利代理人的办公室通常都配有可读取光盘和U盘的计算机，并配有可以直接打印U盘文件的打印机。

九、Euro-PCT 申请提交实审请求的特别之处

同EP申请一样，实审程序必须由申请人启动，申请人需要提交书面实审请求，推荐用1200表[1]（在该表中实审请求是默认勾选的）。同EP申请一样，Euro-PCT申请的实审请求在缴纳实审费之后才能生效，因此，申请人必须在规定期限内缴纳实审费。

实审请求应在优先权日起31个月内，或者国际检索报告公布日起6个月内提交，以后到期为准（正常情况下，国际检索报告公布6个月早于优先权日起31个月，除非国际检索报告公布特别晚）。

未在期限内提交实审请求或缴纳实审费都将导致申请被视为撤回。申请被视为撤回的，欧洲专利局会通知申请人。申请人可以在收到通知之日起2个月内请求继续处理，同时缴纳实审费50%的继续处理费。如果既未提交实审请求也未缴纳实审费，申请人请求继续处理必须同时克服两种缺陷，缴纳两项继续处理费：一项是未提交实审请求书的继续处理费，一项是未缴纳实审费的继续处理费（50%的实审费）。

如果申请满足一定的条件，可以享有实审费的减免。（1）申请

---

[1] 欧洲专利局制定的PCT申请进入欧洲地区的标准请求书表格，下载地址：http://www.epo.org/applying/forms-fees/forms.html。

人或者其中一位申请人的居所或者营业场所在《欧洲专利公约》的一个成员国内，但是该成员国不以英语、德语、法语中的一种作为官方语言；或者申请人或其中一位申请人是成员国的国民但旅居国外的，申请人将享有实审费 30% 的减免，前提是以其国家的官方语言（非英语、德语、法语）提交实质审查的书面请求，且在一个月内提交请求的译文（最早在提交书面审查请求时）。一旦审查费已缴且用欧洲专利局官方语言撰写的实审请求已提交，申请人无权要求减免审查费，即使后续提交了非欧洲专利局官方语言的请求也不能减免。（2）如果国际阶段有国际初审程序，且国际初步审查报告由欧洲专利局作出，则实审费可以享有 50% 的减免。但在欧洲地区阶段，若申请人要求保护的主题不是国际初步审查报告的主题，则不能享有实审费的减免。

若申请同时符合实审费的两种减免条件，则实审费先减 50%，余额再减 30%（不是全额再减 30%），因此总共最多减 65%。

十、Euro-PCT 申请修改申请文件的机会

在国际阶段，根据《专利合作条约》规定，申请人有机会对申请文件进行修改：例如，在收到国际检索报告后可以修改权利要求（PCT 第 19 条），在提起国际初步审查要求的情况下可以修改说明书、权利要求、附图（PCT 第 34 条）。在进入欧洲地区阶段时，申请人可以以原始 PCT 申请文件，或根据 PCT 第 19 条修改后的申请文件，或根据 PCT 第 34 条修改后的申请文件，作为欧洲专利局审查的基础。另外，在向欧洲专利局提交 PCT 申请进入欧洲地区阶段的请求时，申请人仍有多次机会主动修改申请文件，并以修改后的申请文件作为欧洲专利局检索的基础。但修改不能超出原始 PCT 申请文件披露的范围。

在进入欧洲地区阶段后，欧洲专利局会根据《欧洲专利公约实施细则》第 161 条或第 162 条发出一个通知："Communication pursuant to Rule 161 (2) and 162 EPC"。《欧洲专利公约实施细则》第 161 条从给予申请人答复检索意见机会的本意出发，规定 PCT 申请进入欧洲地区阶段后，欧洲专利局应发出通知给予申请人在 6 个月的期限内答复意见并修改文件的机会（申请人收到通知之日起 6 个月的期限内可以修改申请文件），同时该通知还提示申请人关于权利要求超出 15 项

时缴纳超项费用的相应规定（《欧洲专利公约实施细则》第162条）。申请人可能被要求在《欧洲专利公约实施细则》第161条或第162条规定的期限届满前提交修改或陈述意见，在该通知中是否要求申请人的强制答复有清楚的陈述，不同的情形有不同的措辞。

欧洲专利局作为国际检索单位或者国际补充检索单位的情形：（1）如果欧洲专利局在国际阶段作为检索单位或者补充国际检索单位已经制定了检索报告，在欧洲地区阶段将不再制定补充欧洲检索报告，任何在《欧洲专利公约实施细则》第161条或第162条规定的6个月期限内提交的修改将作为实质审查的基础。❶（2）如果欧洲专利局在国际阶段作出过负面的书面意见、国际初步审查报告或者补充国际检索报告，申请人将被要求根据《欧洲专利公约实施细则》第161条（1）的规定进行答复（强制答复），除非此之前实质性答复已经提交。这里所说的实质性答复是指：如果申请人在1200表❷第6栏明确表示修改审查的基础，则进入欧洲地区阶段之时直至欧洲专利局根据《欧洲专利公约实施细则》第161条或第162条发出通知之前所作的修改都构成实质答复；同样，如果申请人在1200表第6栏明确表示修改审查的基础，则任何根据PCT第19条、第34条的修改也都构成实质性答复。如果强制答复未在规定期限内提交，申请视为撤回，视为撤回后可以请求继续处理❸。（3）进一步地，如果欧洲专利局作为国际检索单位、补充国际检索单位或国际初步审查单位，无论欧洲专利局在国际阶段是否作出否定意见，申请人都有权针对书面意见、初步审查报告及补充国际检索报告陈述意见，并且提交进一步的主动修改（在期限内）❹。申请人在期限内主动或被动提交的任何陈述和修改都将被审查程序考虑，这意味着实审所针对的权利要求是基于期限内最后一次提交的权利要求（权利要求超项费已缴）。在实审程序中，申请人可以根据审查部门的意见在后续阶段对申请进行进一步修改。

欧洲专利局未作为国际检索单位或者国际补充检索单位的情形：
如果欧洲专利局未作为国际检索单位或者国际补充检索单位，在

---

❶ R. 137（2）and 161（1）.
❷ 欧洲专利局制定的PCT申请进入欧洲地区的标准请求书表格，下载地址：http://www.epo.org/applying/forms-fees/forms.html。
❸ Art. 121 EPC; R. 135 EPC.
❹ R. 137（2）EPC.

进入欧洲地区阶段时将作出补充欧洲检索报告。《欧洲专利公约实施细则》第161条或第162条规定的6个月期限届满前，申请人可以主动提交修改，所有的修改和陈述都将作为补充欧洲检索考虑的内容。❶ 这意味着补充欧洲检索针对的权利要求是期限内最后一次提交的权利要求，前提是规定的权利要求超项费已缴纳。

补充欧洲检索报告发出后Euro-PCT申请的修改程序和EP申请一样。如果检索意见未指出缺陷，申请人也可以陈述意见，同时在《欧洲专利公约实施细则》第70a条（2）规定的期限内提交说明书、权利要求、附图的修改文件（主动的），一并说明是否继续后续程序。如果检索意见中指出了缺陷，申请人必须根据《欧洲专利公约实施细则》第70a条（2）进行答复。如果根据《欧洲专利公约实施细则》第70a条（2）的通知，申请人未提交实质性的答复（强制答复），申请被视为撤回，但可以请求继续处理。在实审程序中，可以根据审查部门的意见在后续程序中对申请进行进一步修改。

对于中国申请人来说，PCT申请的受理局和国际检索单位一般是中国国家知识产权局，在进入欧洲地区阶段时，欧洲专利局将进行欧洲补充检索。PCT申请进入欧洲地区阶段后，申请人收到相应官方通知（Communication pursuant to Rule 161 (2) and 162 EPC）后有6个月的期限可以修改其申请文件，修改后的申请文件将作为欧洲专利局补充检索的基础。申请人填写1200表❷时可以主动放弃该机会，以便更快地获得补充欧洲检索报告。但是，如果放弃的话，欧洲专利局就不会再发该官方通知了，也就没有此次主动修改申请文件的机会了。收到欧洲专利局的补充检索报告后，申请人会再收到一份提醒答复期限的官方通知（Communication pursuant to Rules 70 (2) and 70a (2) EPC），从该通知送达日起有6个月的期限可以向欧洲专利局确认是否进一步继续后续程序。在上述期限内申请人应就欧洲检索意见中指出的缺陷进行答复和修改。此外，如果需要对说明书、权利要求、附图进行修改，也应在上述期限内提出。

---

❶ R. 161 (2) EPC；OJ 2010, 406, point 6；OJ 2010, 634.
❷ 欧洲专利局制定的PCT申请进入欧洲地区的标准请求书表格，下载地址：http://www.epo.org/applying/forms-fees/forms.html。

十一、Euro-PCT 申请放弃《欧洲专利公约实施细则》第 161 条或第 162 条规定的通信权利

对于 Euro-PCT 申请，为了加快程序，也可以通过在 1200 表中勾选第 6.4 栏宣布放弃《欧洲专利公约实施细则》第 161 条或第 162 条中通信的权利。❶ 宣布放弃该通信的权利生效后，只有在申请满足了后续程序的所有要求时欧洲专利局才不会根据《欧洲专利公约实施细则》第 161 条或第 162 条发出通知。如果放弃权利的后续程序要求未满足，欧洲专利局仍将根据《欧洲专利公约实施细则》第 161 条或第 162 条发出通知，在该通知发出 6 个月期限届满后才会对申请启动下一程序，哪怕申请人已经提交了 PACE 请求，也仍然要等满 6 个月的期限届满后才启动下一程序。

换句话说，申请人必须确保其申请在没有根据《欧洲专利公约实施细则》第 161 条或第 162 条发出通知的情况下才能进入下一个程序。这意味着在优先权日起 31 个月内申请人必须完成以下行为：

（1）如果作为审查基础的权利要求超过 15 项，缴纳权利要求费；

（2）在属于强制性答复的情形下，提交强制性答复。也就是说在欧洲专利局在国际阶段作出的国际检索报告、国际初步审查报告或者补充国际检索报告给出了负面意见，且申请人未主动要求进行欧洲检索，则在下一程序即实审程序中，申请人就应该针对国际检索单位的书面意见、初审报告或者欧洲专利局的补充检索报告中的负面意见提交实质性的答复。如果没有提交实质性答复，欧洲专利局仍会发出通知要求申请人提交答复文件（根据《欧洲专利公约实施细则》第 161 条（1）强制答复）。

十二、授权阶段的事务

如果申请符合 EPC 的要求，则进入授权阶段。审查部门发送给申请人准备授权的文本，要求申请人缴纳授权费和公告费，以及未缴纳的权利要求费，同时要求申请人在不可延长的 4 个月内提交将权利

---

❶ OJ 2011, 354.

要求翻译为另两种官方语言的译文。在该阶段申请人除了核查准备授权的文本外，还应该核查著录项目是否准确无误。❶

如果申请人支付了相关费用，并且在规定期限内提交了权利要求的译文。申请人被认为同意了准备授权的文本。如果申请人未缴费或者未在4个月期限内提交权利要求的译文，则申请将被视为撤回。❷

在申请授权前，申请人还必须缴纳维持费。如果维持费的缴纳期限落在授权公告之前，欧洲专利局将告知申请人只有在缴纳维持费后专利才被授权公告。如果未在期限内缴纳维持费，申请将被视为撤回。

十三、授权阶段修改申请文件

申请人在核查审查员建议的授权文本时，可以做细小的修改或更正明显的错误。申请人可在《欧洲专利公约实施细则》第71条（3）规定的4个月期限内提交修改或者更正。

如果审查部门同意修改或更正，将根据《欧洲专利公约实施细则》第71条（3）发给申请人一个新的通知，并使申请进入授权阶段，前提是申请人在规定期限内已经提交权利要求的译文，缴纳了授权费和公告费。如果申请人在规定的期限内提交修改或更正，但是未缴费或提交译文，申请被视为撤回。

审查部门如果不同意修改或更正的请求，将重新开始审查程序。❸ 基于个案的具体情况，审查部门可能会继续发通知，或者启动口审程序或者驳回申请。如果申请人未能反驳审查员提出的反对意见，审查部门将驳回申请。❹ 如果申请人未缴费，申请将被视为撤回。如果申请人已缴费，但是申请未授权，授权费和公告费将退回。

十四、授权生效时间

授权专利自在《欧洲专利公报》上公布之日起正式生效。❺ 欧洲

---

❶ Art. 97；R. 71（3）.
❷ R. 71（3），（7）.
❸ R. 71（6）.
❹ Art. 97（1），（2）.
❺ Art. 97（3），98.

专利局在进行授权公告的同时会公开授权专利的单行本，包括说明书、权利要求和附图。《欧洲专利公报》仅以电子形式在欧洲专利局网站上电子公开，公众可通过欧洲专利局的网络查询。

十五、专利证书的发放

专利申请在《欧洲专利公报》上进行授权公告后，欧洲专利局立即将专利证书通过纸质形式发放给专利权人。专利证书上指明专利号、专利权人的姓名和地址。如果有多位专利权人，欧洲专利局将向每位专利权人发放专利证书。如果申请人希望专利证书后附有申请文件副本，则应该在实审员发送给申请人拟授权的专利文本并要求申请人缴纳授权费和公告费的4个月期限内向欧洲专利局提出特殊请求。该特殊请求是免费的。提出该特殊请求后，每位专利权人将得到具有申请文件附件的专利证书。如果一位专利权人希望得到多份附有申请文件副本的专利证书，也可以向欧洲专利局提出请求，但是需要额外缴纳费用。

第七节　关于生效程序的常见问题

一、欧洲专利授权后是否自动在所有成员国生效

欧洲专利授权后并不自动在所有成员国生效。

欧洲专利在《欧洲专利公报》上公开后，该专利可在其所有指定国/延伸国生效，但是并非自动生效，生效的前提是在规定期限内在指定国/延伸国办理生效手续。各国对于欧洲专利在这些成员国/延伸国的生效程序都有各自的规定。如果申请人错过生效的期限，是否有补救措施，以及补救措施的具体规定也都由各国自行规定。例如，如果该欧洲专利未指定某个成员国（例如撤回了对某个成员国的指定），则欧洲专利不能在该国生效；或者该欧洲专利未对延伸国黑山缴纳延伸费，则其对黑山不具有延伸效力，即欧洲专利不能在黑山生效。

二、欧洲专利如何在非 EPC 成员国摩洛哥生效

2015 年 3 月 1 日前，欧洲专利在 38 个成员国和 2 个延伸国范围内具有效力，自 2015 年 3 月 1 日起，欧洲专利在摩洛哥生效，位于非洲西北部的摩洛哥成为首个确认欧洲专利在其领土上具有法律效果的非欧洲地区国家。摩洛哥与欧洲专利局在 2010 年 12 月 17 日签订了欧洲专利在摩洛哥生效的协议，2015 年 3 月 1 日该协议正式生效。这意味着从 2015 年 3 月 1 日起，欧洲专利申请的效力不再局限于欧洲地区，这是欧洲专利体系历史性的一步，欧洲专利申请能同时获得专利保护的国家数量上升到 41 个。

2015 年 3 月 1 日后提出的欧洲专利申请一旦获得授权，该专利将可在摩洛哥生效，摩洛哥工业与商业产权局（摩洛哥知识产权局）不会再对其进行审查，该专利将取得等同于摩洛哥国内发明专利的法律效力。而在 2015 年 3 月 1 日之前提出的申请，或者任何根据此申请而获得的欧洲专利则不适用此生效协议。2015 年 3 月 1 日之后提出的欧洲专利的申请人将可以通过向欧洲专利局缴纳在摩洛哥生效的费用以确认专利在摩洛哥生效，在摩洛哥生效的欧洲专利申请与专利将与在摩洛哥本土的申请享有同样的法律效力。目前请求欧洲专利在摩洛哥生效的费用是 240 欧元❶，EP 申请缴纳该费用的期限是欧洲检索报告公布日起 6 个月，Euro-PCT 申请缴纳该费用的期限是优先权日起 31 个月或国际检索报告公布日起 6 个月，以后到期为准。如果申请人没有按时缴纳此费用，则生效请求将被视为撤回。

此次与摩洛哥达成的新的生效协议也被视为新的发展模式，摩尔多瓦和突尼斯也分别于 2013 年 10 月 16 日和 2014 年 7 月 3 日与欧洲专利局签订了类似的协议。

三、《伦敦协议》主要解决生效程序中的什么问题

根据《欧洲专利公约》第 65 条的规定，授权专利的语言非成员国官方语言之一的，成员国有权要求专利权人在授权公告日起 3 个月

---

❶ 2016 年 4 月 1 日生效的费用金额，费用金额通常每两年调整一次。费用金额查询网址：http://www.epoline.org/portal/portal/default/epoline.Scheduleoffees。

内（除非成员国延长该期限）提交专利文件的译文以及一定期限内（期限由成员国规定）缴纳全部或部分译文公开费用。

2008年5月1日正式生效的《伦敦协议》旨在简化生效程序的翻译要求，所有的协议缔约国均承诺将大量或整体地免除对专利文件翻译的要求。

《伦敦协议》的基本思想❶是：（1）缔约国的官方语言中有欧洲专利局官方语言（英语、德语、法语）之一的，完全免除翻译要求；（2）缔约国的官方语言中无欧洲专利局官方语言（英语、德语、法语）之一的，如果欧洲专利授权语言是缔约国指定的语言，或已翻译为指定语言提交，进一步的翻译要求应免除；但是缔约国有权要求将权利要求翻译成其本国官方语言。

目前共21个成员国签署了《伦敦协议》。其中8个缔约国的官方语言中有欧洲专利局官方语言（英语、德语、法语）之一，另外13个缔约国的官方语言中无欧洲专利局官方语言（英语、德语、法语）之一。

德国、英国、法国、爱尔兰、瑞士、列支敦士登、卢森堡、摩纳哥8个缔约国官方语言中有欧洲专利局官方语言之一，根据《伦敦协议》，欧洲专利授权后不需要翻译。不过一般仍需要向生效国的专利局登记欧洲专利在该国的代理人或联系人地址，以负责转交与欧洲专利在该国相关的通知。

官方语言无欧洲专利局官方语言（英语、德语、法语）之一的13个缔约国均明确了其翻译要求。

四、各成员国/延伸国对于文件的翻译要求

由于各国官方语言的差异性《欧洲专利公约》的38个成员国和2个延伸国在生效程序中对于专利文件的翻译要求均给出了明确规定，具体见表3-6。

---

❶ http://www.epo.org/law-practice/legal-texts/london-agreement.html.

表 3-6 各成员国/延伸国对专利文件的翻译要求

成员国/延伸国	是否是《伦敦协议》签署国	翻译要求
阿尔巴尼亚	是	权利要求必须翻译为阿尔巴尼亚语；如果欧洲专利授权文本是英语，无进一步的要求；如果欧洲专利授权文本是德语或法语，必须将全套欧洲专利授权文本翻译为英语
奥地利	否	必须将欧洲专利授权文本翻译为德语
比利时	否	必须将欧洲专利授权文本翻译为法语、荷兰语或德语
保加利亚	否	必须将欧洲专利授权文本翻译为保加利亚语
克罗地亚	是（官方语言非英语、德语、法语）	权利要求必须翻译为克罗地亚语；欧洲专利授权文本应该是英语，如果欧洲专利授权文本不是英语，还必须将欧洲专利授权文本翻译为英语
塞浦路斯	否	必须将欧洲专利授权文本翻译为希腊语
捷克	否	必须将欧洲专利授权文本翻译为捷克语
丹麦	是（官方语言非英语、德语、法语）	权利要求必须翻译为丹麦语；如果欧洲专利授权文本的其他部分是英语，无进一步的要求；如果是法语或德语，必须将欧洲专利授权文本的其他部分翻译为英语或者丹麦语
爱沙尼亚	否	必须将欧洲专利授权文本翻译为爱沙尼亚语
芬兰	是（官方语言非英语、德语、法语）	权利要求必须翻译为芬兰语；如果欧洲专利授权文本是英语，无进一步的要求；如果欧洲专利授权文本是德语或法语，必须将欧洲专利授权文本翻译为英语或者芬兰语；如果专利权人所属国的官方语言是瑞典语，也可以将欧洲专利授权文本翻译为瑞典语提交
马其顿	是（官方语言非英语、德语、法语）	权利要求必须翻译为马其顿语
法国	是	无翻译要求
德国	是	无翻译要求

续表

成员国/延伸国	是否是《伦敦协议》签署国	翻译要求
希腊	否	必须将欧洲专利授权文本翻译为希腊语，且译文必须由希腊律师认证，或由有权认证的机构认证（也就是位于雅典 Arionos 街 10 号的外交部翻译服务处，或国外的任何希腊领事馆）
匈牙利	是（官方语言非英语、德语、法语）	权利要求必须翻译为匈牙利语；如果欧洲专利授权文本是英语，无进一步的翻译要求，但是专利权人也可以提交全套的匈牙利语译文；如果欧洲专利授权文本是法语或德语，必须提交全套英语或匈牙利语的译文
冰岛	是（官方语言非英语、德语、法语）	权利要求必须翻译为冰岛语；欧洲专利授权文本的其他部分必须翻译为英语或者冰岛语
爱尔兰	是	无翻译要求
意大利	否	必须将欧洲专利授权文本翻译为意大利语；且专利权人或其代理人必须在译文的最后一页声明译文与原文完全一致
拉脱维亚	是（官方语言非英语、德语、法语）	权利要求必须翻译为拉脱维亚语
列支敦士登	同瑞士	同瑞士
立陶宛	是（官方语言非英语、德语、法语）	权利要求必须翻译为立陶宛语
卢森堡	是	无翻译要求
马耳他	否	欧洲专利授权文本必须翻译为英语
摩纳哥	是	无翻译要求
荷兰	是（官方语言非英语、德语、法语）	权利要求必须翻译为荷兰语；如果欧洲专利授权文本是英语，无进一步的要求；如果欧洲专利授权文本是法语或德语，必须提交英语的译文，可以同时将欧洲专利授权文本翻译为荷兰语

续表

成员国/延伸国	是否是《伦敦协议》签署国	翻译要求
挪威	是	权利要求必须翻译为挪威语； 如果欧洲专利授权文本是英语，无进一步的要求； 如果欧洲专利授权文本是德语或法语，必须将说明书（包括附图）和发明名称翻译为英语或挪威语
波兰	否	欧洲专利授权文本必须翻译为波兰语
葡萄牙	否	欧洲专利授权文本必须翻译为葡萄牙语
罗马尼亚	否	欧洲专利授权文本必须翻译为罗马尼亚语
圣马力诺	否	权利要求和说明书都必须翻译为意大利语，且译文必须由申请人或其代理人认证
塞尔维亚	否	欧洲专利授权文本必须翻译为塞尔维亚语
斯洛伐克	否	欧洲专利授权文本必须翻译为斯洛伐克语
斯洛文尼亚	是（官方语言非英语、德语、法语）	权利要求必须翻译为斯洛文尼亚语
西班牙	否	欧洲专利授权文本必须翻译为西班牙语
瑞典	是（官方语言非英语、德语、法语）	权利要求必须翻译为瑞典语； 如果欧洲专利授权文本是英语，无进一步的要求； 如果欧洲专利授权文本是法语或德语，必须提交英语的译文，可以同时将欧洲专利授权文本翻译为瑞典语
瑞士	是	无翻译要求
土耳其	否	欧洲专利授权文本必须翻译为土耳其语
英国	是	无翻译要求
波黑	否	权利要求必须翻译为波黑的官方语言（波斯尼亚语或塞尔维亚语）
黑山	否	权利要求必须翻译为黑山语

资料来源：《与欧洲专利公约相关的成员国国内法》第Ⅳ章，表中数据信息更新至2016年4月20日。

五、各成员国/延伸国在生效程序中对提交译文的期限要求

除少数几个成员国未明确规定期限外，各成员国/延伸国对于提交译文期限的规定大体一致，绝大多数成员国/延伸国均规定自在《欧洲专利公报》上授权公告之日起 3 个月内到该国办理生效手续并提交译文，个别成员国规定 4 个月或 6 个月。大部分成员国未设置延期程序，少数几个成员国设置了延期程序。各成员国/延伸国对于期限具体的规定见表 3-7。

表 3-7　各成员国/延伸国提交专利文件翻译的期限

成员国/延伸国	提交翻译的期限
阿尔巴尼亚	《欧洲专利公报》的授权公告日起 3 个月； 该期限可以延长 1 个月，延长期限需要缴纳费用
奥地利	《欧洲专利公报》的授权公告日起 3 个月
比利时	《欧洲专利公报》的授权公告日起 3 个月
保加利亚	《欧洲专利公报》的授权公告日起 3 个月
克罗地亚	《欧洲专利公报》的授权公告日起 3 个月
塞浦路斯	《欧洲专利公报》的授权公告日起 3 个月
捷克	《欧洲专利公报》的授权公告日起 3 个月； 该期限可以延长 3 个月，延长期限需缴纳费用
丹麦	《欧洲专利公报》的授权公告日起 3 个月
爱沙尼亚	《欧洲专利公报》的授权公告日起 3 个月； 该期限可以延长 2 个月，延长期限需要缴纳费用
芬兰	《欧洲专利公报》的授权公告日起 3 个月
马其顿	《欧洲专利公报》的授权公告日起 3 个月
法国	无翻译要求
德国	无翻译要求
希腊	《欧洲专利公报》的授权公告日起 3 个月； 如果未遵守 3 个月的期限，该欧洲专利被视为自始无效

续表

成员国/延伸国	提交翻译的期限
匈牙利	《欧洲专利公报》的授权公告日起3个月；也可以在上述期限截止后3个月内提交译文，但是需要缴纳额外费用；如果在上述两个期限内均未提交译文，该欧洲专利被视为自始无效。生效手续办理后，可以在任意时间主动提交匈牙利语全文译文
冰岛	《欧洲专利公报》的授权公告日起4个月
爱尔兰	无翻译要求
意大利	《欧洲专利公报》的授权公告日起3个月
拉脱维亚	《欧洲专利公报》的授权公告日起3个月
列支敦士登	同瑞士
立陶宛	《欧洲专利公报》的授权公告日起3个月
卢森堡	无翻译要求
马耳他	《欧洲专利公报》的授权公告日起3个月
摩纳哥	无翻译要求
荷兰	《欧洲专利公报》的授权公告日起3个月
挪威	《欧洲专利公报》的授权公告日起3个月
波兰	《欧洲专利公报》的授权公告日起3个月
葡萄牙	《欧洲专利公报》的授权公告日起3个月；可以在缴纳额外费用的前提下增加一个月期限
罗马尼亚	《欧洲专利公报》的授权公告日起3个月；可延长3个月
圣马力诺	《欧洲专利公报》的授权公告日起6个月
塞尔维亚	《欧洲专利公报》的授权公告日起3个月
斯洛伐克	《欧洲专利公报》的授权公告日起3个月；如果未提交译文，在缴纳额外费用的前提下增加3个月
斯洛文尼亚	《欧洲专利公报》的授权公告日起3个月
西班牙	《欧洲专利公报》的授权公告日起3个月
瑞典	《欧洲专利公报》的授权公告日起3个月
瑞士	无翻译要求

续表

成员国/延伸国	提交翻译的期限
土耳其	《欧洲专利公报》的授权公告日起3个月；在缴纳额外费用的前提下延长3个月
英国	无翻译要求
波黑	《欧洲专利公报》的授权公告日起3个月
黑山	《欧洲专利公报》的授权公告日起3个月

资料来源：《与欧洲专利公约相关的成员国国内法》第Ⅳ章，表中数据信息更新至2016年4月20日。

六、各成员国/延伸国办理生效手续的费用

各成员国/延伸国对于办理生效手续的申请通常会收取公告译文的费用，费用标准及缴费期限的具体信息如表3-8所示。

表3-8 各成员国/延伸国办理生效手续的公告费用及缴纳期限

成员国/延伸国	特殊费用*及缴纳期限
阿尔巴尼亚	需要缴费 ALL 10 000；缴费期限为《欧洲专利公报》的授权公告日起3个月
奥地利	186欧元，如果译文超过15页，从16页开始，每15页缴纳135欧元的附加费；缴费期限为《欧洲专利公报》的授权公告日起3个月
比利时	无需缴纳费用
保加利亚	公告费用：BGN 50；公告译文的费用：BGN 80，如果译文超出10页，从第11页开始每页收取附加费 BGN 10；缴费期限为《欧洲专利公报》的授权公告日起3个月
克罗地亚	有公告费；缴费期限为《欧洲专利公报》的授权公告日起3个月
塞浦路斯	100欧元；缴费期限为《欧洲专利公报》的授权公告日起3个月

续表

成员国/延伸国	特殊费用*及缴纳期限
捷克	CZK 2 000； 缴费期限为《欧洲专利公报》的授权公告日起3个月，可以延长3个月期限
丹麦	DKK 2 000； 缴费期限为《欧洲专利公报》的授权公告日起3个月
爱沙尼亚	45欧元； 缴费期限为《欧洲专利公报》的授权公告日起3个月，可以延长期限
芬兰	450欧元（如果译文电子提交，则是350欧元）； 缴费期限为《欧洲专利公报》的授权公告日起3个月
马其顿	公告费MKD 3 000； 缴费期限为《欧洲专利公报》的授权公告日起3个月
希腊	350欧元； 提交译文的同时缴费
匈牙利	HUF 23 500从译文的第6页开始每页收取HUF 3 500的附加费； 页数的计算方法： 　如果欧洲专利授权文本是英语，计算匈牙利语的权利要求译文的页数，如果同时提交了匈牙利语全套译文，所有译文的页数也计算在内； 　如果欧洲专利授权文本是法语或德语，计算匈牙利语权利要求译文的页数以及其他译文英语或匈牙利语译文的页数。 提交译文时缴费，如果未在提交译文时缴费，匈牙利知识产权局发通知要求在提交译文之日起2个月内缴纳，如果仍未缴纳，则译文视为未提交
冰岛	ISK 27 000； 缴费期限为《欧洲专利公报》的授权公告日起4个月
意大利	无费用
拉脱维亚	50欧元（纸件提交译文），40欧元（电子提交译文）； 缴费期限为《欧洲专利公报》的授权公告日起3个月
立陶宛	权利要求公告费：46欧元，第16项及后续每项14欧元； 缴费期限为《欧洲专利公报》的授权公告日起3个月

续表

成员国/延伸国	特殊费用*及缴纳期限
马耳他	无费用
荷兰	25 欧元； 缴费期限为《欧洲专利公报》的授权公告日起 3 个月
挪威	NOK 5 500； 缴费期限为《欧洲专利公报》的授权公告日起 3 个月
波兰	PLN 90，译文超过 10 页的，每页收取附加费 PLN 10； 缴费期限不晚于波兰专利局通知之日起 3 个月
葡萄牙	52.04 欧元（在线提交译文），104.08 欧元（纸件提交译文）； 缴费期限为《欧洲专利公报》的授权公告日起 3 个月，最晚 4 个月； 如果晚于 3 个月缴费，则需要额外缴纳应缴费用的 50%
罗马尼亚	如果《欧洲专利公报》的授权公告日起 3 个月提交译文： 100 欧元，超出 20 页每页收取附加费 5 欧元； 或者 RON 441，超出 20 页每页收取附加费 RON 22。 如果《欧洲专利公报》的授权公告日起 3 至 6 个月内提交译文： 200 欧元，超出 20 页每页收取附加费 5 欧元； 或者 RON 882，超出 20 页每页收取附加费 RON 22
圣马力诺	100 欧元，超出 20 页的每页收取附加费 10 欧元； 缴费期限为《欧洲专利公报》的授权公告日起 6 个月
塞尔维亚	有公告费 缴费期限为《欧洲专利公报》的授权公告日起 3 个月
斯洛伐克	在《欧洲专利公报》的授权公告日起 3 个月内提交译文：116 欧元； 在《欧洲专利公报》的授权公告日起 3 至 6 个月内提交译文：232 欧元
斯洛文尼亚	100 欧元 缴费期限为《欧洲专利公报》的授权公告日起 3 个月
西班牙	324.14 欧元，译文超过 22 页的，每页收取附加费 13.03 欧元； 如果译文通过电子提交，则有所减免，减免后：275.52 欧元，译文超过 22 页的，每页收取附加费 11.08 欧元； 在提交译文时缴费

续表

成员国/延伸国	特殊费用*及缴纳期限
瑞典	SEK 1 400，译文超过8页的（包括附图），第9页起每页收取附加费 SEK 175； 缴费期限为《欧洲专利公报》的授权公告日起3个月
土耳其	欧洲专利授权文本译文公告费：TRY 1 320（电子提交 TRY880）； 欧洲专利修改文本（异议、限制）译文公告费：TRY600（电子提交 TRY400）；每年1月1日调整费用标准； 3个月后6个月内缴费，需要额外缴纳：TRY 750（电子提交 TRY 500）； 缴费期限为《欧洲专利公报》的授权公告日起3个月，最晚6个月
波黑	有公告费； 缴费期限为《欧洲专利公报》的授权公告日起3个月
黑山	有公告费； 缴费期限为《欧洲专利公报》的授权公告日起3个月

* 如无特别说明，表中费用单位均为该成员国国内流通的货币单位。

资料来源：《与欧洲专利公约相关的成员国国内法》第Ⅳ章，表中数据信息更新至2016年4月20日，部分国家的信息会定期调整，在使用时应查找相应国家的最新标准。

七、各成员国/延伸国办理生效手续的委托要求

各成员国/延伸国对于办理生效手续是否必须委托该国本地的专业代表见表3-9。

表 3-9 在各成员国/延伸国办理生效手续的委托要求

成员国/延伸国	是否必须委托该国本地的专业代表
阿尔巴尼亚	是,在阿尔巴尼亚无居所或营业场所的专利权人必须委托专业代表
奥地利	在欧洲经济区*内无居所或营业场所的,必须委托该局认可的专业代表; 在欧洲经济区内有居所或营业场所的,可以委托一位奥地利的居民代为办理
比利时	在欧盟成员国**内无居所或营业场所的专利权人必须委托该局认可的专业代表; 在欧盟成员国内有居所或营业场所的专利权人可以不委托专业代表,可以授权其雇员(不要求是专业代表,但是必须被委托)办理相关事务
保加利亚	是,在保加利亚无居所或营业场所的专利权人必须委托当地的专业代表
克罗地亚	是
塞浦路斯	是,必须委托当地的专业代表
捷克	是,在捷克无居所或营业场所的专利权人必须委托专业代表,例外的情形是:欧盟成员国的专利权人可以不委托专业代表,但是必须提供捷克境内的通信地址
丹麦	否
爱沙尼亚	否,但是推荐委托专业代表
芬兰	否
马其顿	是,当地的专业代表或者当地居民都可以作为被委托的代表
希腊	是,在希腊无居所或营业场所的专利权人必须委托希腊境内的自然人或者专业代表
匈牙利	在欧洲经济区内无居所或营业场所的,必须委托该局认可的专业代表; 专业代表不限于匈牙利本国的专业代表,但必须是欧洲经济区范围内的专业代表
冰岛	是,在冰岛无居所或营业场所的专利权人必须委托欧洲经济区范围内的专业代表

续表

成员国/延伸国	是否必须委托该国本地的专业代表
意大利	否,但是必须提供意大利的通信地址
拉脱维亚	是,在拉脱维亚无居所或营业场所的专利权人必须委托专业代表,但是不需要提交委托书
立陶宛	在立陶宛、欧洲经济区范围内或《欧洲专利公约》成员国范围内没有居所或营业场所的专利权人必须委托立陶宛认可的专业代表
马耳他	在欧盟成员国范围内没有居所或营业场所的专利权人必须委托马耳他本地的专业代表
荷兰	否
挪威	否
波兰	是,在波兰没有居所或营业场所的专利权人必须委托波兰本地的专业代表
葡萄牙	否,然而,如果专利权人在葡萄牙没有居所或营业场所,虽然生效手续不需要委托专业代表,但是翻译文本必须由葡萄牙认可的专业代表认证
罗马尼亚	是,在罗马尼亚没有居所或营业场所的专利权人必须委托罗马尼亚指定的代表
圣马力诺	是,外国人必须委托圣马力诺指定的代表,并且必须指定一个圣马力诺境内的通信地址
塞尔维亚	是,外国人必须委托塞尔维亚指定的代表或本地专业代表
斯洛伐克	是
斯洛文尼亚	否(如果提供了斯洛文尼亚境内的通信地址) 对于其他情况,必须委托斯洛文尼亚指定的专业代表
西班牙	如果在西班牙或者欧盟成员国内有居所,则不必委托专业代表;反之,则需要委托专业代表
瑞典	否
土耳其	是,在土耳其没有居所或营业场所的,必须委托专业代表
波黑	是
黑山	是,外国人必须委托黑山专利局认可的专业代表或当地律师

* 欧洲经济区(EUROPEAN ECONOMIC AREA,EEA),目前欧洲经济区成员为四个欧洲自由贸易联盟成员中的三国:冰岛、列支顿士登和挪威(瑞士除外),以及28个欧

盟成员国。

** 截至2015年，欧盟共有28个成员国：奥地利、比利时、保加利亚、塞浦路斯、克罗地亚、捷克、丹麦、爱沙尼亚、芬兰、法国、德国、希腊、匈牙利、爱尔兰、意大利、拉脱维亚、立陶宛、卢森堡、马耳他、荷兰、波兰、葡萄牙、罗马尼亚、斯洛伐克、斯洛文尼亚、西班牙、瑞典、英国。

资料来源：《与欧洲专利公约相关的成员国国内法》第Ⅳ章，表中数据信息更新至2016年4月20日。

八、各成员国/延伸国对于办理生效手续的表格及文件份数

各成员国/延伸国对于办理生效手续是否要求使用的表格及提交文件的份数见表3-10。

表3-10 在各成员国/延伸国办理生效手续使用的表格及文件份数

成员国/延伸国	是否必须使用标准表格	提交文件的份数
阿尔巴尼亚	是	2
奥地利	否	1
比利时	否	1
保加利亚	否	3
克罗地亚	否（但是建议使用标准表格）	1
塞浦路斯	是（P.17表格）	2
捷克	否	1
丹麦	否（但是建议使用标准表格）	1
爱沙尼亚	否	纸件提交：2 电子提交：1
芬兰	否	1
马其顿	是（"об.ДЗИС－П5"表格）	2
希腊	是	2
匈牙利	否	1
冰岛	否（但是建议使用标准表格）	1
意大利	是	1

续表

成员国/延伸国	是否必须使用标准表格	提交文件的份数
拉脱维亚	是	1
立陶宛	否	2
马耳他	否	1
荷兰	否	2
挪威	否	1
波兰	否	2
葡萄牙	是	1
罗马尼亚	否（但是建议使用标准表格）	3
圣马力诺	是	2
塞尔维亚	是	2
斯洛伐克	否	1
斯洛文尼亚	否（但是建议使用标准表格）	2
西班牙	是	1
瑞典	否	1
土耳其	是	2
波黑	是	1
黑山	是	2

资料来源：《与欧洲专利公约相关的成员国国内法》第Ⅳ章，表中数据信息更新至2016年4月20日。

九、办理生效手续时提交译文改正的机会

各成员国/延伸国基本都允许修改译文错误，大部分国家对修改译文错误要收取额外费用，具体见表3-11。

表 3-11 各成员国/延伸国对译文改正的规定

成员国/延伸国	是否允许修改译文错误	修改译文错误是否需要额外缴费*
阿尔巴尼亚	允许	需要额外缴费 ALL 2 000
奥地利	允许	需要额外缴费 186 欧元，如果译文超过 15 页，从 16 页开始，每 15 页缴纳 135 欧元的附加费
比利时	允许	不需要额外缴费
保加利亚	允许	公告译文的费用：BGN 80，如果译文超出 10 页，从第 11 页开始每页收取附加费 BGN 10
克罗地亚	允许	收费
塞浦路斯	允许	100 欧元
捷克	允许	CZK 100
丹麦	允许	DKK 2 000
爱沙尼亚	允许	45 欧元
芬兰	允许	450 欧元（如果译文电子提交，则是 350 欧元）
马其顿	允许	公告费 MKD 3 000
希腊	允许	不需要额外缴费
匈牙利	允许	HUF 23 500，从译文的第 6 页开始每页收取 HUF 3 500 的附加费
冰岛	允许	ISK 27 000
意大利	允许	不需要额外缴费
拉脱维亚	允许	50 欧元（纸件提交译文） 40 欧元（电子提交译文）
立陶宛	允许	权利要求公告费：46 欧元，第 16 项及后续每项 14 欧元； 修改后权利要求公告费：34 欧元
马耳他	允许	收费

续表

成员国/延伸国	是否允许修改译文错误	修改译文错误是否需要额外缴费*
荷兰	允许	25 欧元
挪威	允许	欧洲专利局公告授权日在 2015 年 1 月 16 日之后的，NOK 1 200；欧洲专利局公告授权日在 2015 年 1 月 16 日之前的，NOK 1 200，译文超过 14 页的（附图也计算在内），第 15 页起每页收取附加费 NOK 250
波兰	允许	PLN 90，译文超过 10 页的，每页收取附加费 PLN 10
葡萄牙	允许	26.03 欧元（在线提交）；52.04 欧元（纸件提交）
罗马尼亚	允许	20 欧元或 RON 88
圣马力诺	允许	不需要额外缴费
塞尔维亚	允许	收费
斯洛伐克	允许	116 欧元
斯洛文尼亚	允许	60 欧元
西班牙	允许	324.14 欧元，译文超过 22 页的，每页收取附加费 13.03 欧元；如果译文通过电子提交，则有所减免，减免后：275.52 欧元，译文超过 22 页的，每页收取附加费 11.08 欧元
瑞典	允许，但是仅允许《欧洲专利公报》上公布日 2014 年 7 月 1 日之前的专利修改译文错误	SEK 1 400，译文超过 8 页的（包括附图），第 9 页起每页收取附加费 SEK 175

续表

成员国/延伸国	是否允许修改译文错误	修改译文错误是否需要额外缴费*
土耳其	允许	公告更正欧洲专利授权文本译文的费用：TRY 450（电子提交 TRY 300）；公告更正欧洲专利修改文本（异议、限制）译文的费用：TRY 600（TRY 400）
波黑	允许	收费
黑山	允许	收费

* 如无特别说明，表格中费用单位均为该成员国国内流通的货币单位。

资料来源：《与欧洲专利公约相关的成员国国内法》第Ⅳ章，表中数据信息更新至 2016 年 4 月 20 日，部分国家的收费标准会定期调整，在使用时应查找相应国家最新的费用标准。

十、各成员国/延伸国在生效程序中的特殊规定

部分成员国/延伸国在生效程序中有特殊的要求，具体的信息见表 3-12。

表 3-12 成员国/延伸国在生效程序中的特殊要求

成员国/延伸国	特殊要求
阿尔巴尼亚	无
奥地利	译文必须包括说明书附图，即使说明书附图中没有文字，也应该提交说明书附图的译文
比利时	必须同译文一起提供：专利所有权人的姓名、申请号、申请日、授权公告日、欧洲专利公开号、发明名称的译文
保加利亚	译文必须包含的内容：说明书、附图、权利要求；必须同译文一起提供：专利权人的信息、欧洲专利申请号、欧洲专利公开号、公告授权的《欧洲专利公报》的期号和日期
克罗地亚	译文修改自克罗地亚专利局公告修改后的译文日起生效

续表

成员国/延伸国	特殊要求
塞浦路斯	缴费凭证应同译文一同提交； 必须同译文一起提供：欧洲专利申请号、欧洲专利公开号、专利权人的姓名和地址、发明名称。两份说明书附图译文必须同译文一同提交，即使附图中没有文字。两份翻译为希腊语的摘要必须同译文一同提交
捷克	翻译还必须包含的内容：专利所有权人的姓名和地址、欧洲专利申请号和欧洲专利公开号、公告授权的《欧洲专利公报》的期号和日期、捷克语的发明名称； 一份说明书附图译文必须同译文一同提交，即使附图中没有文字
丹麦	必须同译文一起提供：欧洲专利申请号、专利所有权人的姓名和地址； 译文应包括：发明名称、附图和照片、序列表。说明书附图译文也必须提交，即使附图中没有文字； 如果上述要求未满足，译文视为未提交
爱沙尼亚	请求公告的请求书和缴费证明应和译文一同提交； 在请求书中必须包含如下信息：欧洲专利申请号，欧洲专利申请日，发明名称，申请人的姓名和地址，代表人的姓名和地址
芬兰	必须同译文一起提供：欧洲专利申请号、发明名称、专利权人的姓名和地址； 说明书附图译文必须提交，即使附图中没有文字； 译文可以通过电子方式提交
马其顿	只有在提交了缴费证明的情况下，才视为费用已提交
法国	无
德国	无
希腊	必须同译文一起提供：欧洲专利申请号和欧洲专利公开号，申请人的姓名和地址，公告授权的《欧洲专利公报》的期号和日期； 两份说明书附图译文必须同译文一同提交，即使附图中没有文字； 两份翻译为希腊语的摘要必须同译文一同提交

续表

成员国/延伸国	特殊要求
匈牙利	译文可以电子提交； 根据匈牙利本国法，如果未提交说明书的匈牙利语译文，则发生侵权时不能认定侵权；但是如果专利权人能证明侵权者能理解英文说明书（例如侵权者是国际公司，有英文业务），则侵权能认定； 2012年1月1日起，专利权人可以选择专利在匈牙利生效后的任意时间提交说明书的匈牙利译文，以免在发生侵权时负有证明侵权者具备英语能力的举证责任
冰岛	如果有译文更正，则必须提交完整的更正版译文，同时还要提交修改对照页。 同译文更正一起还需要提供的信息：EP专利号或申请号、专利权人或申请人的姓名和地址。如果未提供，译文更正将视为未提交
爱尔兰	无
意大利	摘要和附图的译文也应该提交
拉脱维亚	公告信息包含： 欧洲专利公开的所有著录项目信息； 拉脱维亚代表人的姓名和地址； 拉脱维亚语的发明名称
列支敦士登	同瑞士
立陶宛	提交译文时必须包含代表人的姓名和签名； 提交译文时必须同时提交请求公布的请求书，应提交3份，请求书表格可从 www.vpb.gov.lt. 下载； 还必须提交电子形式的译文
卢森堡	无
马耳他	提交译文时必须提供专利权人的姓名和地址
摩纳哥	无
荷兰	必须在译文每页注明欧洲专利公开号。说明书附图译文必须同译文一同提交，即使附图中没有文字

续表

成员国/延伸国	特殊要求
挪威	必须在提交译文时提供的信息：EP 申请号、申请人的姓名和地址； 必须提交挪威语的权利要求译文，发明名称、说明书、附图的译文可以是英文或挪威文； 若不符合上述规定，译文将视为未提交
波兰	必须提供《欧洲专利公报》上公告授权的日期； 说明书附图译文必须一同提交，即使附图中没有文字
葡萄牙	在葡萄牙没有居所或营业场所的专利权人，必须请葡萄牙工业产权局认可的代表人准备译文； 说明书附图译文必须一同提交，即使附图中没有文字
罗马尼亚	必须在提交译文时提供的信息：欧洲专利申请号和公开号，欧洲专利申请日和公布日，公告授权的《欧洲专利公报》的期号和日期；专利权人及发明人的姓名和地址；罗马尼亚语的发明名称；附图译文；经签字的声明译文与专利授权文本原文完全一致的文件
圣马力诺	译文必须由代表人签字。 译文必须包含：发明名称，说明书，权利要求，附图，必须同译文一同提交由专利权人或代表人签字的声明译文与原文完全一致的文件； 译文可以是纸件形式，或者存储在 CD 或 DVD 上的 PDF 形式
塞尔维亚	无
斯洛伐克	只有在提交了缴费证明的情况下，才视为费用已提交
斯洛文尼亚	只有在提交了缴费证明的情况下，才视为费用已提交； 译文修改自斯洛文尼亚专利局公告修改后的译文日起生效
西班牙	如果专利权人在西班牙无居所或营业场所，则必须请西班牙专利商标局认可的专利代表或者西班牙外交部认证的机构准备译文； 说明书附图译文必须一同提交，即使附图中没有文字
瑞典	必须在提交译文时提供的信息：欧洲专利申请号，发明名称，专利权人的姓名和地址； 说明书附图译文必须一同提交，即使附图中没有文字。附图被认为是说明书的一部分，摘要和序列表都不需要提交译文
瑞士	无

续表

成员国/延伸国	特殊要求
土耳其	必须在提交译文时提供的信息：欧洲专利申请号和公开号，欧洲专利申请日和公布日，授权公告的《欧洲专利公报》的期号和日期，专利权人及发明人的姓名和地址，发明名称，代表人的姓名和地址，IPC 分类号，经签字的声明译文与原文完全一致的文件，摘要，附图和优先权信息
英国	无
波黑	无
黑山	无

资料来源：《与欧洲专利公约相关的成员国国内法》第Ⅳ章，表中数据信息更新至 2016 年 4 月 20 日。

第八节 关于利用欧洲单一专利制度的常见问题

目前，欧洲单一专利制度❶尚未正式运行，但是申请人可以了解与单一专利相关的信息，以便在单一专利正式运行后，在了解单一专利制度的基础上充分利用该制度。

一、什么是欧洲单一专利

欧洲单一专利，又称具有统一效力的欧洲专利，是由欧洲专利局根据《欧洲专利公约》的规则和程序授予的欧洲专利，并根据专利权人的申请，在参与单一专利框架的 25 个成员国内具备统一效力。

欧洲单一专利将与各国专利及传统的欧洲专利并存。将来，专利权人可以选择将上述几种专利权利进行组合，例如一项在参与单一专利框架的 25 个欧盟成员国内具有统一效力的欧洲单一专利，结合一项在一个或多个没有参与单一专利框架的《欧洲专利公约》成员国（例如：西班牙、意大利、瑞士、土耳其、挪威、冰岛等）具有效力的传统欧洲专利。

---

❶ http：//www.epo.org/law-practice/unitary.html.

二、欧洲单一专利框架下欧洲专利局的职责

在单一专利条例中,参与的成员国将授权欧洲专利局行使以下职责:(1) 受理和审查关于专利统一效力的申请;(2) 登记具有统一效力的欧洲单一专利;(3) 在过渡期内,公开相关翻译;(4) 建立并维护一个新的"单一专利保护登记机构",包括对单一专利的出让、转让、失效、许可、限制或撤销等信息的管理;(5) 收取单一专利年费;(6) 将部分年费分配到参与的成员国;(7) 管理费用减免机制,对部分采用欧盟其他官方语言(即英语、法语和德语之外的语言)提出申请的申请人减免翻译费用(最多可全免)。

上述新职责与欧洲专利局根据其内部规则进行的单方登记职责相符合。欧洲专利局作出的与单一专利保护有关的决定可以上诉至单一专利法院。

三、未来运用欧洲单一专利可以有效降低年费

2015年6月24日,欧洲专利局递交的《True Top 4》单一专利年费提案获得通过。根据《True Top 4》提案,单一专利的年费水平将等同于德国、法国、英国、荷兰四国的年费之和,而德国、法国、英国、荷兰四国是目前欧洲专利指定生效最多的四个国家,这也是该提案被称为《True Top 4》的原因。

在现行的欧洲专利体系下,一件欧洲发明专利在获得欧洲专利局授权后,必须到其寻求保护的各成员国去逐一办理生效手续才可获得专利保护,这给企业尤其是中小型企业的管理和财务带来了很大压力。也正是由于这一原因,目前欧洲发明专利在欧洲专利局获得授权后平均只在三四个成员国生效。这导致拥有欧洲发明专利的企业在其未办理生效手续的国家无法获得专利保护,从而无法抵抗在这些国家遭遇的恶意仿制行为。

《True Top 4》到底能降低多少年费呢?表3-13展示了《True Top 4》提案下的单一专利年费和目前单一专利25个成员国年费之和的数据。在前10年(欧洲专利的平均生命周期),一件单一专利的年费总额为4 685欧元;而全部20年的年费总额也仅为35 555欧元。在现行的欧洲专利体系下,如果要在全部已经加入单一专利体系的

25 个成员国维持一件欧洲专利,前 10 年的年费总额为 29 428 欧元,而全部 20 年的年费总额更为 158 621 欧元。可见,与现行体系相比,《True Top 4》提案将大幅减低年费,降低比例约为 78%。同时,现行体系下的其他成本(包括翻译费用以及在各成员国办理生效需要支付给代理的费用)在单一专利实施后也将显著降低。因此,未来欧洲单一专利制度正式实施后,申请人可以充分运用欧洲单一专利制度用最低的花费在更多的国家获得专利保护。

表 3-13 《True Top 4》提案下的单一专利年费和目前单一专利 25 个成员国年费比较表

年度	单一专利年费(欧元)	25 国的年费(欧元)
2	35	0
3	105	1 298
4	145	1 874
5	315	2 545
6	475	3 271
7	630	3 886
8	815	4 625
9	990	5 513
10	1 175	6 416
11	1 460	7 424
12	1 775	8 473
13	2 105	9 594
14	2 455	10 741
15	2 830	11 917
16	3 240	13 369
17	3 640	14 753
18	4 055	16 065
19	4 455	17 660
20	4 855	19 197
合计:	35 555	158 621

四、欧洲单一专利的翻译

在过渡期（最长为 12 年）内，在获得欧洲专利授权后要求提供单一专利的翻译；在过渡期结束后，在获得欧洲专利授权后将不再要求单一专利的翻译。

基于信息共享目的，Patent Translate（欧洲专利局一项与 Google 共同开发的自动翻译程序）提供对欧洲专利申请和专利文件的免费在线翻译服务。截至 2014 年年底，专利自动翻译能够提供欧洲专利组织 38 个成员国的语言的翻译，包括欧盟的 27 个成员国，涵盖的欧洲语言已有 14 种。

只有在发生争议且法院或被诉侵权方要求的情况下，专利权利人才需要提交完整的相关语言的人工翻译。同时未来将引入一项主要适用于居所或营业场所在欧盟成员国的中小企业、自然人、非营利组织、大学和公共研究组织的费用减免机制：当上述申请人使用欧盟官方语言（英语、法语和德语除外）提出申请时，申请的翻译费用将得到减免（最多可全免）。

以下是过渡期内的翻译过渡办法，其施行时间最长为 12 年：（1）若在欧洲专利局相关程序中使用的语言为法语或德语，则权利人需提供一份该欧洲专利的英文翻译；（2）若在欧洲专利局相关程序中使用的语言为英语，则权利人需提供一份该欧洲专利的其他欧盟官方语言❶的翻译。

五、"一揽子专利法规"

"一揽子专利法规"包括两个条例和单一专利法院协议，两个条例是指单一专利保护条例和单一专利保护的翻译安排。两个专利条例已于 2013 年 1 月 20 日生效，两个条例只有在单一专利法院协议生效后才能被适用。

因此，上述两个条例的适用将与单一专利法院协议的生效相挂

---

❶ 截至 2014 年，28 个欧盟成员国共有 24 种官方语言，分别为：英语、法语、德语、意大利语、西班牙语、葡萄牙语、荷兰语、丹麦语、瑞典语、芬兰语、希腊语、波兰语、斯洛伐克语、马耳他语、匈牙利语、立陶宛语、拉脱维亚语、斯洛文尼亚语、捷克语、爱沙尼亚语、爱尔兰语、保加利亚语、罗马尼亚语、克罗地亚语。

钩。而单一专利法院协议将于以下日期中较晚者为准生效：(1) 自收到第 13 个成员国（法国、德国和英国须已批准或加入）批准或加入该协议的书面文件后的第四个月首日起；或（2）自 1215/2012 条例修改（关于民商事管辖权与判决承认与执行的条例，包括任何后续修改）生效之日后的第四个月首日起。

六、单一专利法院的主要特点

单一专利法院具有下述 16 个主要特点：

（1）分散的一审法院，包括位于各成员国的地方法庭、地区法庭和中央法庭；

（2）统一的上诉法院；

（3）统一的登记机构，并在各地设有分支机构；

（4）在需要就欧盟法相关问题进行法律解释的情况下，可以将该法律问题提交至欧盟法院通过初步裁决程序请求释明（与各国法院类似）；

（5）只有欧盟成员国可以加入单一专利法院协议；

（6）审判人员由各国具备法律资质的法官以及具备技术资质的法官组成；

（7）法官由成员国从事先由一个独立委员会提供的专利从业人士名单中选择指定；

（8）管辖范围包括传统的欧洲专利和欧洲单一专利；

（9）专属管辖范围包括：专利侵权诉讼和关于补充保护证书（SPC）的侵权诉讼，就撤销提起的反诉、撤销之诉，针对禁令及保护性措施提起的诉讼，针对欧洲专利局与单一专利相关的决定提起的诉讼；

（10）在处理就撤销提起的反诉时，可行使裁量权以决定是由地方或地区法庭审理，还是由中央法庭审理；

（11）在 7 年过渡期（可延长）内，法院可不被选择或被选择；

（12）在 13 个成员国批准后生效（其中必须包括德国、法国和英国）；

（13）修订条款：根据相关用户要求和单一专利法院的意见，行政管理委员会可以修订该协议以改进法院的运行；

（14）费用：包括固定费用和根据诉讼标的确定的费用；

（15）案件必须由有资格在成员国内法院出庭的律师或有资质的欧洲专利律师代理；

（16）单一专利法院程序规则的初稿正在筹备中。

七、单一专利法院各机构的地理坐标

2012年6月29日，欧盟理事会同意：上诉法院将设于卢森堡，一审法院中央法庭将设于巴黎，涉及特定主题的专利案件将由中央法庭设在伦敦和慕尼黑的分部集中处理，法官培训中心将设于布达佩斯，专利仲裁和调解中心将设于里斯本和卢布尔雅那。

欧洲单一专利法院除了设立中央法庭（位于巴黎，同时在伦敦和慕尼黑设有特定技术领域的分部）之外，也包括地方法庭和地区法庭。一般一个成员国可以设立一个地方法庭，而专利诉讼较少的成员国可以和其他成员国一同组成一个地区法庭（比如瑞典将和立陶宛、拉脱维亚、爱沙尼亚一同组成一个地区法庭）。

第九节　关于费用的常见问题

一、如何缴费

向欧洲专利局缴纳费用有3种方式：直接向欧洲专利局账户缴费或者转账至欧洲专利局账户；通过在欧洲专利局设立的授权扣款账户缴费；通过在线缴费系统缴费。❶ 所有向欧洲专利局缴纳的费用都必须以欧元缴纳，授权扣款指令中记载的费用币种也应该是欧元。

直接向欧洲专利局账户缴费或者转账至欧洲专利局账户的，缴费时一定要写明申请号（非公开号）和缴费代码，建议一笔缴费仅针对一个申请号。如果一笔缴费涉及多个申请号或者虽仅涉及一个申请号但是银行转账备注栏无法备注足够的信息，则必须将缴费表格1010表传真（+49 (0) 89 2399-4465）或者邮寄至欧洲专利局。

授权扣款方式缴费的，首先需要明确2个概念的区别，一是向授权扣款的账户充值，二是从授权扣款账户向欧洲专利局支付费

---

❶ Art. 5 RFees.

用。只有向授权扣款的账户充值后,授权扣款的账户有足够余额的情况下,才能实现从授权扣款账户扣款向欧洲专利局支付费用。向授权扣款的账户充值应以欧元充值,除非充值币种与欧元之间能自由兑换。授权扣款的账户都是8位,且前2位是"28"。可以通过银行转账方式向授权扣款的账户充值,充值时应该在银行转账备注栏注明"replenishment 28××××××""repl 28××××××"或者"deposit 28××××××"。从授权扣款账户向欧洲专利局支付费用必须提交授权扣款的指令,授权扣款的指令必须清楚、无歧义、且不能附加任何条件,扣款指令可以在提交申请时在线提交、通过在线缴费的方式提交、纸件提交、传真提交(不需要提交传真确认文件),建议使用1010表提交。授权扣款指令必须明确缴费目的,包含每种费用的缴费金额,且必须指明授权扣款账户的账号。授权扣款方式缴费的,还包含一种特殊的自动扣款程序。特殊之处在于,授权扣款指令是自动指令(由授权扣款账户持有者签名的)。自动指令只能由申请人、专利权人或其代理人提交,并且指令包含了自动扣款程序中所有的费用种类。采用自动扣款程序的,在程序中的每个费用将在期限内被自动扣款,不需要申请人再次提交授权扣款指令。

自2008年4月1日起,欧洲专利局不再接受支票缴费。

二、缴费日如何确定

直接向欧洲专利局账户缴费或者转账至欧洲专利局账户的,以欧洲专利局账户收到费用的日期作为缴费日。如果申请人在缴费期限届满前缴纳了费用,但是因为银行到账延迟等原因而导致缴费日在费用缴纳期限届满日后的,仍视为申请人在规定期限内缴纳了费用。❶

当授权扣款账户有充足的资金时,缴费日为欧洲专利局收到授权扣款指令的当日。如果授权扣款指令是同新申请文件一同向成员国提交的,成员国收到授权扣款指令文件的当天视为缴费日。

如果在收到授权扣款指令的当天,授权扣款账户余额不足,欧洲专利局将不会执行扣款并且通知授权扣款账户持有人账户余额不足的情况。在对授权扣款账户充值并且缴纳一定行政费(一般是费用差额的30%,欧洲专利局设置了最高值和最低值)后,授权扣款账户

---

❶ Art. 7 (1), (3), (4) RFees.

持有人可以确认授权扣款指令的收到日应视为缴费日。

三、费用应缴日如何确定

《欧洲专利公约》中"费用应缴日"具有特殊的含义,指缴费可以生效的第一天,而不是指缴费期限的最后一天。❶ "费用应缴日"由《欧洲专利公约》或《专利合作条约》的相关条款规定。如果没有规定,则"费用应缴日"为收到相应请求的当天。在"费用应缴日"前缴纳的费用是无效的,唯一的例外情形是:维持费可以在应缴日前3个月内有效缴纳;实审部门根据《欧洲专利公约实施细则》第71条(3)发出通知提示申请人缴纳授权费和授权公告费,申请人在答复该通知时可以提前缴纳授权费和授权公告费(对授权文本提出修改的情形下,才属于提前缴费。如果没有修改,则不属于提前缴费)。

在应缴日前缴纳的费用无效且可能被欧洲专利局退回(如果仅在应缴日前几天缴费,欧洲专利局可能不会退回费用,但是费用并不在缴费日生效,仍在应缴日生效)。

几种主要费用的应缴日规定如下:

(1)申请费(包含申请附加费)、检索费、指定费的应缴日即为申请日。

(2)实审费的应缴日是提交实审请求的日期。因实审请求在请求书1001表❷中是自动勾选的,因此如果使用了标准的1001表格,则从申请日即可缴纳实审费。

(3)授权费和授权公告费的应缴日是实审部门根据《欧洲专利公约实施细则》第71条(3)发出通知的发文日(该通知告知申请人欧洲专利局拟授权的文本和著录项目,提示申请人缴纳授权费和授权公告费)。如果准备授权的权利要求超出15项,权利要求超项费的应缴日是实审部门根据《欧洲专利公约实施细则》第71条(4)发出通知的发文日。

(4)下一年度的维持费应缴日是本年度申请日所在月份的最后一天❸。在维持费应缴日前3个月内缴纳的维持费是有效的,超出3

---

❶ Art. 4(1)RFees.
❷ 欧洲专利局制定的欧洲专利申请标准请求书表格,下载地址:http://www.epo.org/applying/forms-fees/forms.html。
❸ Rule 51(1),(2).

个月前缴纳的维持费无效,且会被欧洲专利局退回。例如,申请日是2008年11月30日,则第三年度维持费的应缴日是2010年11月30日,申请人最早可以在2010年8月31日缴纳第三年度维持费,在2010年8月31日之前缴纳的维持费无效,将被欧洲专利局退回(如果提前缴费的缴费日距2010年8月31日特别近,则欧洲专利局可能选择不退回费用,但是该费用仍然在2010年8月31日才能生效)。如果维持费未在应缴日之前缴纳,可以在应缴日后6个月内缴纳,但是需要缴纳额外费用。对于Euro-PCT申请,如果第三年度维持费的应缴日在优先权日起31个月期限内,则最晚可以在31个月内缴纳维持费(是正常的期限,不需要缴纳额外费用)。例如,Euro-PCT申请的优先权日2008年5月12日(星期一),申请日2008年11月12日(星期三),第三年度维持费的应缴日是2010年11月30日(星期二),优先权日起31个月是2010年12月12日(星期日),31个月期限届满最后一天正好是星期日,因此PCT进入欧洲地区阶段的最后期限是2010年12月13日(星期一),晚于第三年度维持费的应缴日2010年11月30日(星期二),因此第三年度维持费的实际应缴日是2010年12月13日(星期一)。如果权利人未在此应缴日缴纳费用,则最晚可以在2011年6月13日缴纳,但是需要缴纳额外费用。

(5)权利要求超项费的应缴日是权利要求的提交日(首次提交的权利要求或后提交的权利要求)。

(6)限制/撤销、异议、申诉、复审费的应缴日是提交相应请求的日期。

四、未在期限内缴费的后果及补救程序

在欧洲专利获权程序中,申请人需缴纳的主要费用包括:申请费(包含申请文件超过35页的申请附加费)、检索费、权利要求超项费(权利要求项数超过15项)、指定费、延伸费、实审费。

申请费(包含申请文件超过35页的申请附加费)、检索费、权利要求超项费(权利要求项数超过15项)的缴费期限是申请日起一个月内。指定费、延伸费、实审费的缴费期限是《欧洲专利公报》上记载的欧洲检索报告公布日起6个月内。申请人未在期限内缴纳申请费(包括申请附加费)、指定费、检索费或审查费的,申请将被视为撤回。申请人未在期限内缴纳延伸费的,延伸请求将被视为撤回。

申请人需要注意的是，欧洲专利局不会发送通知提示申请人在某个期限内缴纳上述费用，需要申请人自己管理期限。

如果因未在期限内缴纳申请费（包括申请附加费）、指定费、检索费或审查费而导致权利丧失的，申请人可以在欧洲专利局发出通知书后2个月内请求继续处理，请求继续处理除了补缴相应费用外，还需要缴纳继续处理费。未在期限内缴纳延伸费的，延伸请求被视为撤回，欧洲专利局不会给申请人发送相关通知，但是费用缴纳期限届满后两个月内，仍可缴纳延伸费，但同时还需要额外缴纳50%的罚金。

五、期限内缴费但欧洲专利局收到已逾期的处理

申请人在缴费期限内缴纳费用，但缴费期限届满之后欧洲专利局才收到，申请人提供以下证据的，可被认为是在期限内缴费。[1] 在《欧洲专利公约》成员国范围内，申请人在缴费期限内通过银行缴费，在期限内通知银行实施了相关金额的转账，或在邮政局发信给欧洲专利局请求从授权扣款账户扣款，且在缴费期限内该授权扣款账户有充足的资金。

欧洲专利局可能会要求申请人在规定期限内出示实际缴费日期的证据，并在必要时要求申请人支付罚金。如果申请人未出示证据、出示的证据不足、未能在规定期间内支付所要求的罚金的，则被视为未在期限内缴费。罚金的标准是应缴纳费用的10%，最多150欧元，如果申请人在缴费期限届满前10天前就已经通过上述三种方式之一实施缴费行为的，则无须缴纳罚金。

六、费用减免

"关于费用的细则"中规定费用的减免分如下两种情况：[2]

一是由于成员国语言差异而享有费用减免。如果申请人或者其中一位申请人的国籍、居所或者营业场所在一成员国内，但是该成员国不以英语、德语、法语中的一种作为官方语言；或者申请人或者其中一位申请人是这些成员国的国民，但是旅居国外，以该国的官方语言之一提交欧洲专利申请，并在一个月内提交程序语言的译文，则申请

---

[1] Art. 7 (3), (4) RFees.
[2] Art. 14 RFees.

人将享有申请费和审查费30%的减免。如果以成员国官方语言启动异议、申诉程序，并在规定的期限内提交译文的，异议费、申诉费、限制/撤销费可以减免30%。

二是Euro-PCT申请的实审费减免。如果国际阶段有国际初审程序，且国际初步审查报告由欧洲专利局作出，则实审费用可以享有50%的减免。例外的情形是，在欧洲地区阶段，申请人要求保护的主题不是国际初步审查报告的主题的，不能享有实审费的减免。Euro-PCT申请既满足费用减免的第一种情形，又满足费用减免的第二种情形的，则实审费先减50%，余额再减30%（不是全额再减30%），因此总共最多减65%。

除上述两种情形的费用减免外，还有一些政策性的费用减免。例如，Euro-PCT申请检索费的减免取决于制定国际检索报告的国际检索单位。在国际阶段由奥地利专利局、西班牙专利商标局、瑞典专利和注册局、芬兰国家专利与注册委员会或者北欧专利局作出国际检索报告或者补充国际检索报告的，欧洲补充检索的检索费减免1 110欧元。[1] 如果美国专利商标局、日本特许厅、俄罗斯联邦知识产权局、澳大利亚知识产权局、中国国家知识产权局、韩国知识产权局作为国际检索单位，检索费也有一定的减免，申请日在2005年7月1日之前的Euro-PCT申请检索费减免20%，申请日在2005年7月1日及之后的Euro-PCT申请检索费减免190欧元。

七、退费

退费主要包括检索费和实审费的退费。

在检索部门启动检索之前申请已经视为撤回、主动撤回的，检索费全额退回。已经启动检索的申请，检索费的退回比例取决于在先申请检索结果（在先申请的检索由欧洲专利局作出）的可利用程度，即如果EP申请的在先申请由欧洲专利局完成检索工作，EP申请的审查员根据在先申请检索结果的可利用程度决定检索费的退回程度。如果是分案申请，检索费可以全部或部分退回，退还的程度由审查员根据已获得检索结果的可利用程度决定。如果需要进行欧洲补充检索的Euro-PCT申请的申请人声明其在先申请的检索报告由欧洲专利局

---

[1] http：//www.epo.org/law-practice/legal-texts/official-journal/2016/01/a3/2016-a3.pdf.

作出，则审查员可以将全部或部分检索费退回，退回的比例同样取决于早期检索的可利用程度。

实审费的退还❶比例取决于申请是否进入实审部门以及实审部门是否进行实质审查。如果申请在进入实审部门之前已经视为撤回、主动撤回，则实审费全额退回。如果申请已进入实审部门，但是实审部门尚未开始实质审查，则实审费可以退回75%。

费用将退给申请人。如果委托书上授权代理人接收相关款项，则退还给代理人。费用并不退还给缴费的第三方，除非提交了相关文件明确要求退还至第三方。通常情况下，欧洲专利局以支票的方式退费，如果退费接收人在欧洲专利局有授权扣款的账户，则退费至该账户。

第十节　关于期限的常见问题

一、期限如何计算

期限计算的基本原则是从相关事件发生的第二天起算。❷ 对于通知，事件发生日定义为通知书的收到日。通常，通知书以挂号信的方式寄出，且推定通知书在寄出日起第10天送达，❸ 除非未成功送达或延期送达。因此，通知书上记载的发文日加上10天被认为是通知书的收到日，申请人可以根据通知书上的发文日加10天确定期限的计算起点。所有的决定、传唤、通知和通信的答复期限都包含在发送给申请人的通知书中，申请人可以根据期限的计算起点和通知书中指定的期限来确定最晚的答复期限。在特定情形下（《欧洲专利公约实施细则》第134条规定），期限可以延长，例如，期限届满日是欧洲专利局的法定节假日，则顺延至下一个工作日。

二、是否可以请求延长期限

可以请求延长欧洲专利局指定的期限。延长期限的，需在期限届

---

❶ Art. 11 RFees.
❷ R. 131.
❸ R. 127.

满前提交延期请求。然而，如果延期将导致整个期限超过 6 个月的，仅在特殊情形下被批准延期。❶

三、错过期限的后果

错过时间期限将导致一些法律惩罚，例如，驳回申请、丧失全部或部分权利❷。例如，逾期提交申请可能导致优先权的丧失，未在期限内答复审查意见导致申请视为撤回。

欧洲专利局将发送通知告知权利丧失的决定。如果申请人认为欧洲专利局关于丧失权利的决定错误，可以在收到通知之日起 2 个月内，就此事申请再次决定。如果欧洲专利局发现之前的决定有误，将发通知告知申请人丧失权利的决定被取消。❸

四、错过期限后怎么补救

EPC 对错过期限的补救措施作出了相关规定，分为请求继续处理和恢复权利两种方式，补救的方式取决于错过期限的类型。

如果错过的期限仅涉及欧洲专利局，通常满足请求继续处理申请的程序。请求继续处理必须在欧洲专利局发出通知之日起 2 个月内提交继续处理请求、缴纳继续处理费、完成逾期未完成事项。继续处理请求不需要任何理由，可以请求继续处理的期限在《欧洲专利公约》第 121 条和《欧洲专利公约实施细则》第 135 条（2）。❹。

恢复权利请求可以在不适用继续处理的情形下提出，❺ 但是，恢复请求也仅在申请人尽了全力仍不能在期限内完成的情形下才能被接受。例如，申请人尽了一切努力仍未在优先权日起 12 个月内提交申请，不能请求继续处理，但是可以请求恢复优先权。恢复权利也排除了能通过请求继续处理补救的期限，即如果可以请求继续处理的，在请求继续处理的期限内不能提出恢复权利。若未在请求继续处理的期限内提出继续处理请求，在请求继续处理的期限届满后仍可以请求恢复权利。

---

❶ R. 132 (2); Guid. E-Ⅶ, 1.6; OJ 1989, 180; OJ 1994, 229.
❷ Guid. E-Ⅶ, 1.8.
❸ R. 112 (1), (2).
❹ Art. 121; R. 135.
❺ Art. 122; R. 136.

继续处理和恢复权利均不适用于错过缴纳延伸费的期限，因为该期限不由 EPC 规定。

如前述，恢复权利请求仅在申请人尽了全力仍不能在期限内完成的情形下才能被接受；如果委托了代理人，只有在代理人也尽了全力的情形下才能被接受，因此申请人必须说明其所依据的理由和事实。请求人必须在权利丧失 2 个月内提交恢复权利请求，缴纳恢复费，陈述恢复所依据的理由和事实，完成逾期未完成事项。

第十一节　关于加快审查的常见问题

一、加快程序的方式

申请人可以通过 PACE（欧洲发明专利申请加快处理程序，PACE）计划、PPH（专利审查高速路）计划加快程序。同时 EP 申请还可以通过放弃《欧洲专利公约实施细则》第 70 条（2）通信的权利实现加快程序，Euro-PCT 申请可以通过放弃《欧洲专利公约实施细则》第 161 条或第 162 条通信的权利实现加快程序。

二、通过 PACE 计划加快程序

PACE 计划是欧洲专利局推出的旨在加快审查程序的计划，该加速程序适用于所有申请（但是受制于各审查部门的工作负担及收到的 PACE 请求，如果申请人要求加快其全部或大多数的申请，则可能被要求在这些请求中作出取舍）。[1] 提交 PACE 请求无须缴纳任何费用，可以加快的程序包括形式审查程序、检索程序、实质审查程序、异议程序、申诉程序。

对于首次申请，欧洲专利局将自动加快检索（在申请日起 6 个月内启动检索）。被定义为"首次申请"必须满足两个条件：提交的申请文件中没有声明优先权，且申请人在提交申请时声明后续不增加优

---

[1] OJ 2010，352.

先权。对于二次申请,申请人可以提交 PACE 请求（1005 表❶）,欧洲专利局在收到 PACE 请求后会尽一切努力加快审查。如果要加快检索程序,申请文件必须提交能够实现检索的完备文件,包括说明书、权利要求、附图、序列表（如果有）、译文（如果有）。援引先前提交申请的申请以及遗漏说明书/说明书附图的申请无法通过 PACE 加快检索。

为了加快实质审查,申请人可以在任何时候提交 PACE 请求,但是建议 EP 申请在提交申请或者收到检索报告后、答复意见时提交 PACE 请求;建议 Euro-PCT 申请在办理进入手续时或者答复检索报告、初步审查报告、补充检索报告时提交 PACE 请求。欧洲专利局将尽一切努力在实审部门启动实审后 3 个月内发出第一次审查意见。

加快异议程序的 PACE 请求可以在任何时候提交,但是必须在请求表格中写明理由。加快申诉程序的 PACE 请求可以在提交申诉时或者申诉程序中提交,也必须在请求表格中写明理由。

三、PACE 程序的最新规定

欧洲专利局 2015 年 11 月在其官方公报 *Official Journal* 中公布了《欧洲专利局 2015 年 11 月 30 日关于欧洲发明专利申请加快处理程序（PACE）的通知》❷。此次公布的通知主要对 PACE 程序进行了部分修订,修订后的 PACE 程序相关规定于 2016 年 1 月 1 日起正式生效实施,适用于 2016 年 1 月 1 日当天及之后提起的 PACE 请求。申请人应注意以下几方面的内容。

1. 提起 PACE 请求的形式要求

提起 PACE 请求应填写 1005 表格❸,且在线提交 PACE 请求。如未使用标准 1005 表格或者未在线提交 PACE 请求,欧洲专利局将不会处理此 PACE 请求。

2. 每个程序阶段单独提交 PACE 请求

PACE 请求应当针对每件申请单独提出,且应该在每个审查阶段

---

❶ 欧洲专利局制定的 PACE 请求标准表格,下载地址：http://www.epo.org/applying/forms-fees/forms.html。

❷ http://www.epo.org/law-practice/legal-texts/official-journal/2015/11/a93.html。

❸ 欧洲专利局制定的 PACE 请求标准表格,下载地址：http://www.epo.org/applying/forms-fees/forms.html。

（检索和审查阶段）单独提出，且每一阶段只能提起一次 PACE 请求。这意味着，在检索阶段提起 PACE 请求可以加快检索程序，但不能加快审查程序。审查阶段的 PACE 请求只能在审查部门开始负责处理此欧洲发明专利申请的情况下才能有效提交。

如果申请人希望加快检索程序，可在递交申请、缴纳检索费时一并提起 PACE 请求。需要注意的是，针对申请日不早于 2014 年 7 月 1 日的欧洲发明专利申请，申请人无须单独在检索阶段提起 PACE 请求。这是因为，基于 2014 年 7 月开始实施的 ECfS（Early Certainty from Search）项目，欧洲专利局将主动争取在申请递交之日（或欧洲专利局开始检索之前申请人可对申请文件进行修改的 6 个月期限届满之日）起 6 个月内发出欧洲检索报告。

加快审查程序的请求可以在审查部门开始负责处理该专利申请后的任何时间提起。当加快审查请求被提起时，欧洲专利局将尽可能在审查部门接收该申请之日（或收到申请人针对欧洲检索报告的答复之日，或收到申请人提起加快审查请求之日，期限计算时以前述三者中最晚的时间点为准）起 3 个月内发出通知。在审查阶段的后续程序中，如果加快审查请求仍然有效，欧洲专利局后续也将尽力争取在收到申请人答复之日起 3 个月内发出通知。

3. PACE 请求不公开

根据欧洲专利局 2007 年 7 月 12 日作出的局长决定，PACE 请求被排除在可公开查询的文件范围之外。欧洲专利局也不会自行将其公开。

4. PACE 请求效力的终止

当出现 PACE 请求被撤回、申请人请求延长期限、申请被撤回或视为撤回、申请被驳回的情况，无论前述情况是否存在法律上的补救措施，该申请在相应的检索阶段或审查阶段中将不再享有加快处理的效果。也就是说，如果申请人在某一阶段已提起了 PACE 请求，当该申请出现了前述情况，则 PACE 请求的效力丧失，且申请人在该阶段不得再次提起 PACE 请求。尤其需要注意的是，若申请人未能按时缴纳维持费，PACE 请求的加快效果也将丧失。

四、EP 申请通过放弃《欧洲专利公约实施细则》第 70 条（2）通信的权利实现加快

根据《欧洲专利公约实施细则》第 70 条（2），如果申请人在收

到检索报告前提交了实审请求，欧洲专利局在发送检索报告给申请人时，将根据《欧洲专利公约实施细则》第70条（2）通知申请人在规定的期限内（《欧洲专利公报》上记载的欧洲检索报告的公布日起6个月内）明确是否继续实审程序，并给予申请人修改申请文件的机会。为了加快程序，申请人可以在请求书1001表❶中勾选放弃通知确认是否请求实质审查的权利，如果申请人勾选了该选项，欧洲专利局不再发出确认通知，默认为申请人收到检索报告后继续申请程序，欧洲专利局发出检索报告后案件流转至实审部门，实审部门将接管案件开始审查程序，也就是说，如果放弃了根据《欧洲专利公约实施细则》第70条（2）通信的权利，将节省6个月的等待时间。

五、Euro-PCT申请通过放弃《欧洲专利公约实施细则》第161条或第162条通信的权利实现加快

根据《欧洲专利公约实施细则》第161条规定，在国际阶段如果欧洲专利局作为国际检索单位、国际补充检索单位、国际初步审查单位，或者PCT申请进入欧洲地区阶段后，欧洲专利局对Euro-PCT申请作出了补充欧洲检索报告，欧洲专利局将给予申请人6个月的时间答复意见及修改申请文件（如果意见中有负面结论，必须答复意见，否则会导致Euro-PCT申请被视为撤回）。

Euro-PCT申请为了加快程序（节省6个月的等待时间），可以通过在1200表❷中勾选第6.4栏宣布放弃《欧洲专利公约实施细则》第161条或第162条通信的权利。

宣布放弃《欧洲专利公约实施细则》第161条或第162条通信的权利生效后，只有在申请满足了后续程序的所有要求时，欧洲专利局才不会有根据《欧洲专利公约实施细则》第161条或第162条的通知发出，如果要求未满足，欧洲专利局仍根据《欧洲专利公约实施细则》第161条或第162条发出通知，在该通知发出6个月期限届满后才会对申请启动下一程序，哪怕申请人已经提交了PACE请求，也仍然需要等满6个月的期限才启动下一程序。换句话说，

---

❶ 欧洲专利局制定的欧洲专利申请标准请求书表格，下载地址：http://www.epo.org/applying/forms-fees/forms.html。

❷ 欧洲专利局制定的PCT申请进入欧洲地区的标准请求书表格，下载地址：http://www.epo.org/applying/forms-fees/forms.html。

申请人必须确保其申请在没有根据《欧洲专利公约实施细则》第161条或第162条的通知发出的情况下才能进入下一个程序，这意味着没有欧洲补充检索程序的情形下，在优先权日起31个月内申请人必须完成以下行为：

（1）如果国际检索单位的书面意见、初审意见或者欧洲专利局的补充检索报告中包含负面结论，必须提交实质性的答辩。如果没有提交实质性答辩，欧洲专利局仍会发出通知要求申请人提交答辩文件（根据《欧洲专利公约实施细则》第161条（1）强制答辩）。

（2）如果作为欧洲地区阶段审查基础的权利要求超过15项，缴纳权利要求超项费。

第十二节　实用信息

一、常用网址

欧洲专利局的官方网站主页：http：//www.epo.org/。

欧洲专利局官方网站下设5个子栏目：

欧洲专利局官方网站专利申请栏目：http：//www.epo.org/applying.html。

欧洲专利局官方网站法律信息栏目：http：//www.epo.org/law-practice.html。

欧洲专利局官方网站专利检索栏目：http：//www.epo.org/searching.html。

欧洲专利局官方网站新闻及公布栏目：http：//www.epo.org/news-issues.html。

欧洲专利局官方网站在线学习及重大事件栏目：http：//www.epo.org/learning-events.html。

二、欧洲法律相关信息

法律信息可以在欧洲专利局官方网站法律信息栏目 http://www.epo.org/law-practice.html 获得。

三、向欧洲专利局申请专利信息查询

申请专利的信息可以在欧洲专利局官方网站专利申请栏目 http://www.epo.org/applying.html 获得。该栏目分为欧洲路径、国际路径、国家路径、在线服务、表格和费用、专利基础六个部分。申请人通过欧洲路径、国际路径、国家路径三个栏目可以获得三种路径申请专利的指南信息；申请人通过在线服务栏目可以满足在线提交电子申请，在线寻找代理人等需求；申请人在表格和费用栏目可下载所有表格，了解与费用相关的所有信息；申请人在专利基础栏目可获知欧洲获权程序的基础信息及步骤。

（一）代理人查询

代理人查询的网址是 http://www.epo.org/applying/online-services/representatives.html。网站上提供了一个搜索工具，申请人通过该工具可搜索欧洲专利局认可的所有代理人及机构。申请人可通过限定代理人的国别、城市、姓名来查询代理人及代理机构的信息，查询结果将详细列出代理人的地址、电话、传真和电子邮件。

（二）在线提交电子申请

在线提交电子申请网址是 http://www.epo.org/applying/online-services/online-filing.html。在使用电子申请之前，首先需要下载在线提交电子申请所需的软件，下载地址：http://www.epo.org/applying/online-services/online-filing/download.html，注意应下载最新版的软件及插件。下载安装软件后还需要注册 smart card 以用于数字签名，注册网址：https://nrm2.epoline.org/myepoline/pcf/scEnrolment.html?siteLanguage=en。

（三）表格下载

表格下载网址是 http://www.epo.org/applying/forms-fees/forms.html。在该网站上可以下载所有表格，表格均是 pdf 格式，且都是可编辑的。

（四）费用信息

与费用相关的所有信息均在 http://www.epo.org/applying/forms-fees/fees.html 列出，包括费用细则的最新版本、费用相关的政策变化、费用额度及费用代码、缴费方式（更详细的信息在 http://www.epo.org/applying/forms-fees/payment.html）。拥有 smart card 的用户不仅可以在线提交申请，还可以在线缴费（http://www.epo.org/applying/online-services/fee-payment.html）。

四、欧洲专利授权程序概览图

欧洲专利授权程序概览如图 3-1 所示。

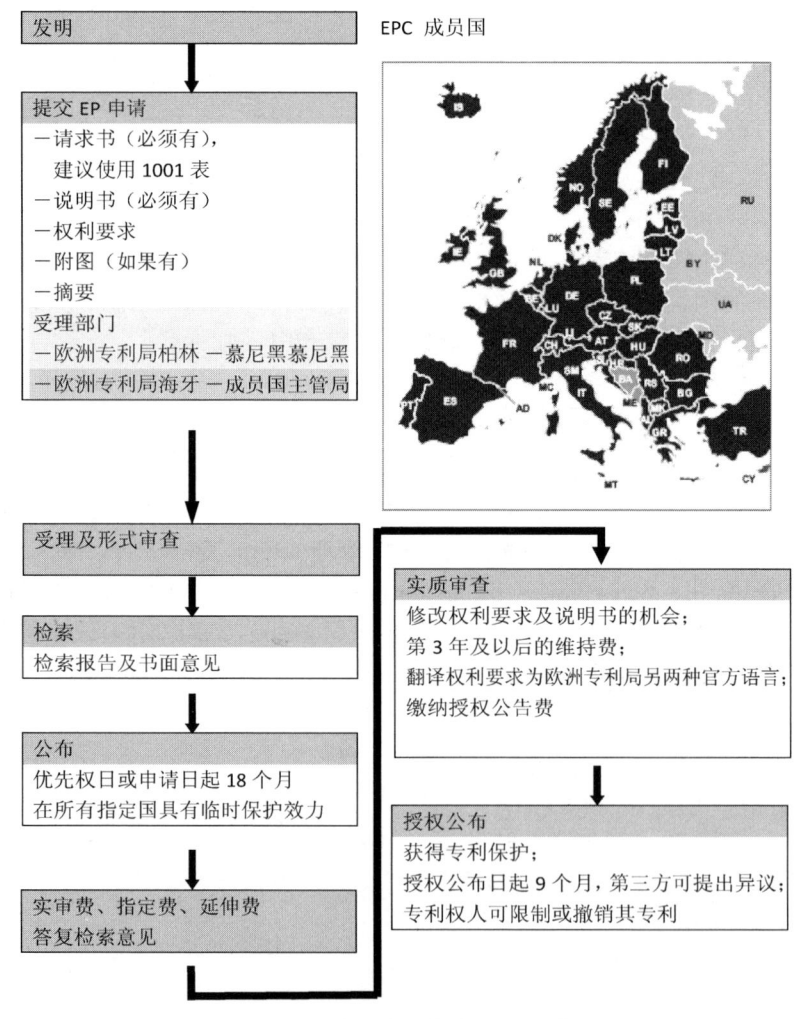

图 3-1　欧洲专利授权程序概览

五、期限概览图

图 3-2、图 3-3 分别是无优先权和有优先权两种情况的期限概览。

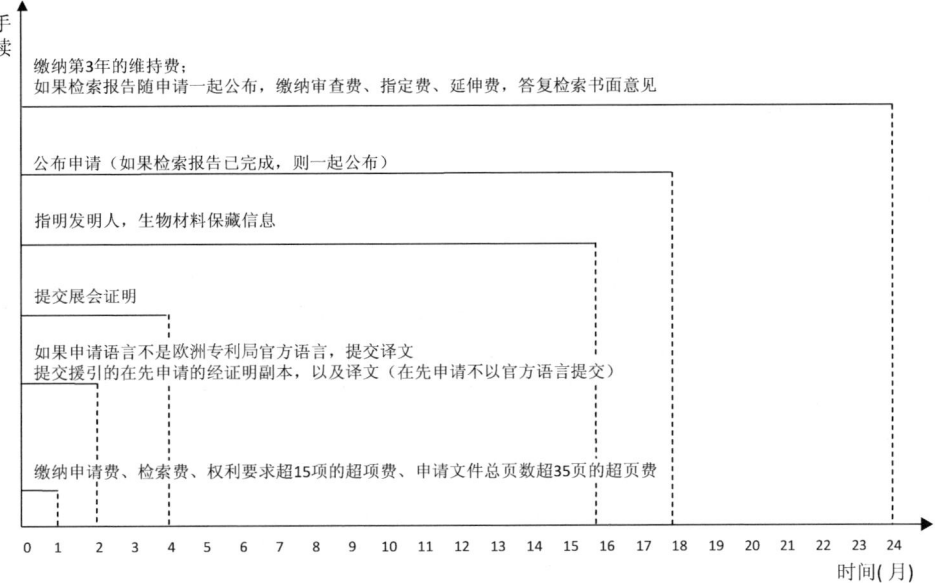

图 3-2　EPC 重要期限——未要求优先权的欧洲专利申请

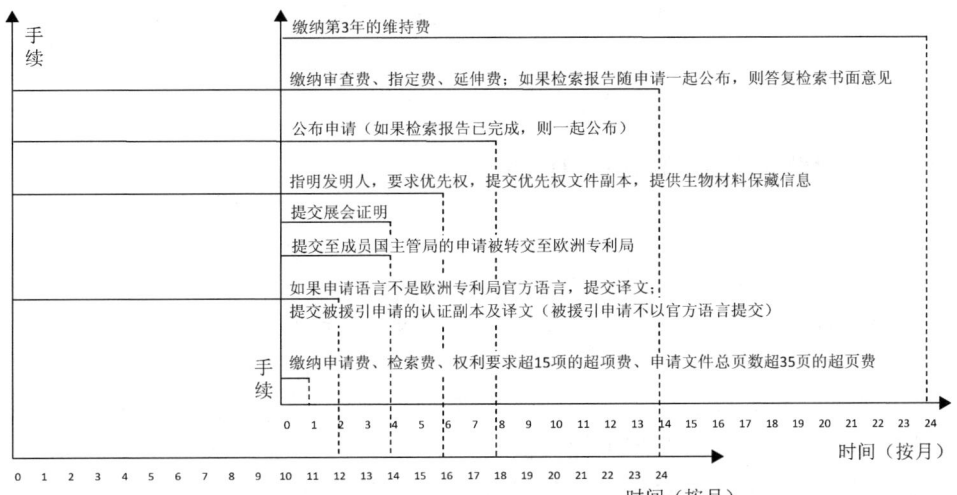

图 3-3　EPC 重要期限——要求优先权的欧洲专利申请

第四章

欧洲专利获权程序中可利用的国际合作项目

第一节 中国与欧洲国家或地区间的优先权文件电子交换服务

一、中欧优先权文件交换服务

(一) PDX项目基本概念

PDX是优先权文件电子交换服务（priority document exchange）的简称，指两局间签订有关优先权文件交换服务的协议，以电子交换方式互相取得对方优先权文件副本。在该项目下，申请人可在签订项目协议的两局间免除提交相关优先权文件副本的义务，使得申请人要求优先权的手续进一步简化，并节省为制作优先权文件副本而付出的费用。

（二）中欧 PDX 项目

2012 年 9 月 3 日起，中国国家知识产权局与欧洲专利局正式开通中欧优先权文件交换服务，这是中欧专利双边合作项目的一部分。这是我国正式开通的第一个 PDX 项目，也是欧洲专利局在与美国专利商标厅、日本特许厅、韩国知识产权局开展相关合作之后启动的第四个 PDX 项目。该项目下，两局可以经由 PatNet 网络以电子交换方式互相取得对方优先权文件副本。

这意味着，如果我国申请人向欧洲专利局提交发明专利申请，并要求了其在中国国家知识产权局受理的在先申请（不包括 PCT 申请）的优先权，只要申请人在提出欧洲专利申请时在请求表中正确填写了在先申请号、在先申请日以及在先申请受理机构名称，欧洲专利局将自动从中国国家知识产权局获取该在先申请文件副本，而不需要申请人自行提交在先申请文件副本。同时该服务也适用于向中国国家知识产权局提交专利申请时，要求欧洲专利局受理的在先申请（不包括 PCT 申请）作为优先权的情形。

（三）中欧 PDX 项目使用注意事项

申请人向欧洲专利局提交申请时，需要在请求书中正确填写在先申请日、在先申请号以及原受理机构，此时欧洲专利局将为申请人自动启动优先权电子交换服务，无须申请人进行声明。

该在先申请仅适用于发明和实用新型专利申请，不包含外观设计专利申请或 PCT 申请。

为确保优先权电子交换服务成果，申请人必须在请求书中正确填写符合规范的在先中国国家申请号。填写不规范准确的申请号将可能导致优先权交换服务无法启动或获取失败，此时仍然需要申请人自行提交经中国国家知识产权局证明的在先申请文件副本。

二、中国与欧洲国家之间的优先权文件数字接入服务

（一）DAS 项目

DAS 是优先权文件数字接入服务（Priority Document Digital Access Service）的简称，是《巴黎公约》《专利法条约》（PLT）、《专利合

作条约》（PCT）三个条约之下的一项共同服务。在 DAS 服务框架下，申请人向首次申请受理局（OFF，又称交存局）提出交存电子优先权文件的请求，由首次申请受理局向 DAS 认可的数字图书馆交存该优先权文件；申请人之后或同时向二次申请受理局（OSF，又称查询局）提出查询电子优先权文件的请求，并通过授权，使得二次申请受理局可以获得该优先权文件，从而替代传统纸件优先权文件副本的出具及提交方式，提高了效率。

2012 年 7 月 1 日起，为进一步减轻申请人负担，WIPO 对 DAS 项目总体架构进行调整，启动 DAS2.0 项目。截至目前，开通 DAS2.0 项目服务的主管局有澳大利亚（AU）、丹麦（DK）、中国（CN）、西班牙（ES）、芬兰（FI）、英国（GB）、国际局（IB）、日本（JP）、韩国（KR）、瑞典（SW）、美国（US）等国专利机构，共 11 个。最新开通的主管局名单以国际局和国家知识产权局网站公布的为准。国际局公布网址为 http：//www.wipo.int/das/en/participating_offices.html。与传统 DAS 项目中需要申请人授权二次申请受理局查询在先申请不同，DAS2.0 项目下仅需要申请人提供给二次受理局查询码，二次受理局即可以利用该查询码获取在先申请文件副本。

（二）中国与欧洲国家之间的 DAS 服务

由于 DAS 服务分为交存和查询两个不同阶段，因此请求人如需利用 DAS 服务，应当首先向在先申请受理局提出交存请求。例如，由中国国家知识产权局作为在先申请受理局，请求人向中国国家知识产权局提出交存请求时，应当提交《优先权文件数字接入服务（DAS）请求书》，并填写请求人的姓名或名称、勾选"交存请求"项、进行请求人签章。需注意，请求人签章应当与请求人姓名或名称一致。提交 DAS 交存请求成功后，请求人会收到发件人为"国家知识产权局专利局 DAS 专用"发送的电子邮件。该邮件会告知请求人交存结果，并提示登录流程服务网站（http：//cpservice.sipo.gov.cn），查询接入码。在完成交存请求后，请求人就可以向参与 DAS 项目的后续申请受理局提交在先申请文件的查询请求。一般而言，查询请求同样需要以请求书方式提出，其中应当包括原受理机构名称、在先申请日、在先申请号以及接入码。接入码由首次申请受理局提供，通常为 4 位到 10 位数字或数字与字母的组合。请求人提交了查询请求后，等待二次申请受理局发送的 DAS 电子邮件通知即可。

目前开通 DAS2.0 服务的欧洲国家有丹麦、西班牙、芬兰、英国、瑞典，由于中国国家知识产权局也参与了 DAS2.0 服务，因此可以使用上述方式对优先权文件请求进行数字接入服务。

第二节　五局 PPH 项目下向欧洲专利局提交 PPH 请求实务

一、专利审查高速路（PPH）的基本概念

（一）什么是 PPH

PPH 是专利审查高速路（Patent Prosecution Highway）的简称，指申请人在首次申请受理局（OFF）或首次审查局（OEE）提交的专利申请中所包含的至少一项或多项权利要求被认定为可授权/具有可专利性时，在一定条件下，可以向后续申请受理局（OSF）或后续审查局（OLE）对相应申请提出加快审查请求的一种机制。

在多数情况下，PPH 是两个或多个国家或地区的专利专利机构协议构建的一种加快审查制度，只有当相应的两件申请的受理局均属于签订该协议的国家或地区时，申请人才能利用该机制。作为一种加快机制，除个别另有规定的国家（如韩国）外，PPH 仅加快后续申请在后续申请受理局的实质审查阶段。同时，PPH 是建立在 PPH 协议局之间可以相互参考和利用（不是承认）各自的检索和审查结果的基础上，因此各协议局的实质审查仍然依据各国的相关法律法规进行，实质审查的标准与本国一般申请的实质审查标准相同。

（二）PPH 分为哪些种类

1. 常规 PPH 和 PCT-PPH

PPH 按请求的基础不同，分为常规 PPH 和 PCT-PPH。

常规 PPH 是申请人利用首次申请受理局（Office of First Filing, OFF）作为一个国家局所作出的国家工作结果，向后续申请受理局（Office of Second Filing, OSF）提出的 PPH 请求。此处所指的首次申

请可以是直接向 PPH 协议局提交的国家申请（此种情形下的 PPH 称为"巴黎公约途径下的常规 PPH"），也可以是 PCT 申请进入 PPH 协议局所在国的国家阶段的申请（此种情形下的 PPH 称为"PCT 途径下的常规 PPH"）。国家工作结果通常是指在协议局实审阶段的审查意见通知书和授权通知书等。

PCT-PPH 是申请人利用 PCT 申请的国际阶段工作结果，向 PCT 申请进入国家阶段的国家局（必须是 PPH 协议局）提出的 PPH 请求。国际阶段工作结果是指 PPH 协议局作为国际检索单位或国际初步审查单位作出的肯定性意见，具体包括国际检索单位书面意见、国际初审单位书面意见、国际初步审查报告。

"PCT 途径下的常规 PPH"与 PCT-PPH 的不同在于：就前者而言，提出加快审查请求的基础是首次申请受理局作为一个国家局（而不是国际检索单位或国际初审单位）作出的审查结果，即该审查结果是一种国家工作结果；就后者而言，提出加快审查请求的基础是首次申请受理局作为国际检索单位和/或国际初步审查单位作出的书面意见或者报告，即该审查结果是一种国际工作结果。

2. 基本型 PPH 和再利用型 PCT-PPH

PPH 按照运行的原理，分为基本型 PPH 和再利用型 PPH。

基本型 PPH 是指在双边 PPH 项目框架下，申请人利用首次申请的工作结果向后续申请局提出 PPH 请求，其注重申请前后顺序，并且两申请间的关系不应当涉及第三个国家或地区。

再利用型 PPH 在基础型 PPH 的基础上拓展了申请间的关系，并规定为当首次申请与后续申请拥有共同的最早日（该日可以为优先权日，也可以为申请日），申请人即可以利用首次审查局做出的工作结果要求后续审查局进行加快审查，同时两申请间的关系也不再局限于两局间，例如两申请可以共同要求第三个国家或地区的优先权。换句话说，再利用型 PPH 突破了"首次申请"原则，只要相关联的申请之一获得了一个在先审查结果，该试点内的其他专利局均可以利用和参考，以实现工作结果的共享和合作，因此对申请人更加友好，有利于申请人实现"一国授权，多国加快"。再利用型 PPH 是以 PPH-MOTTAINAI 项目试点为代表，其始于 2011 年 7 月 15 日，由日本特许厅、美国专利商标局、英国知识产权局、加拿大知识产权局、澳大利亚知识产权局、芬兰国家专利与注册委员会、俄罗斯联邦知识产权局以及西班牙专利商标局共八国专利局共同参与该试点项目,目前已包含13个国家或地区参与该项目。

再利用型PPH对于中国申请人的意义在于,虽然中国国家知识产权局没有参与该项目试点,但是由于PPH项目本身对申请人的身份没有要求,因此中国申请人可以间接利用该项目向海外提出加快审查请求。比如,由于美国专利商标局与英国知识产权局有PPH扩展试点项目,如果有一个美国申请和一个英国申请共同要求了一个中国申请的优先权,且如果英国知识产权局审查认为该英国申请可授权性/具有可专利性,则申请人可以据此对相应美国申请提出加快审查请求。因此,申请人可以利用美国专利商标局参与该扩展项目,以达到充分利用他国工作结果使得后续申请加快审查的目的。

3. 双边PPH和小多边PPH

PPH按照协议方的数量,分为双边PPH和小多边PPH。其中小多边PPH又可分为全球PPH(Global-PPH)和五局PPH(IP5-PPH),两者于2014年1月6日开始正式实施。IP5-PPH项目协议方包含中国国家知识产权局、美国专利商标局、日本特许厅、韩国知识产权局、欧洲专利局等五大知识产权局。全球PPH项目协议方包括美国、日本、韩国、英国等在内的21个国家或地区。两试点项目共同包含的国家或地区知识产权局数目达到23个,几乎覆盖参与PPH项目的世界主要经济体的专利机构。

参与全球PPH(Global-PPH)和五局PPH(IP5-PPH)项目的国家,无须单独与该多边项目圈内的国家或地区一一签订项目协议即可与这些国家或地区开展PPH项目合作。同时,两项PPH试点项目在借鉴PPH-MOTTAINAI项目中对申请间关系的要求的基础上,进一步简化了PPH请求提交的程序,减少了申请人准备PPH请求文件及必要附件的复杂性,并进一步要求各后续审查局应当充分参考首次审查局的工作结果以达成审查程序上的加快和全球审查质量的进一步提升,见图4-1。

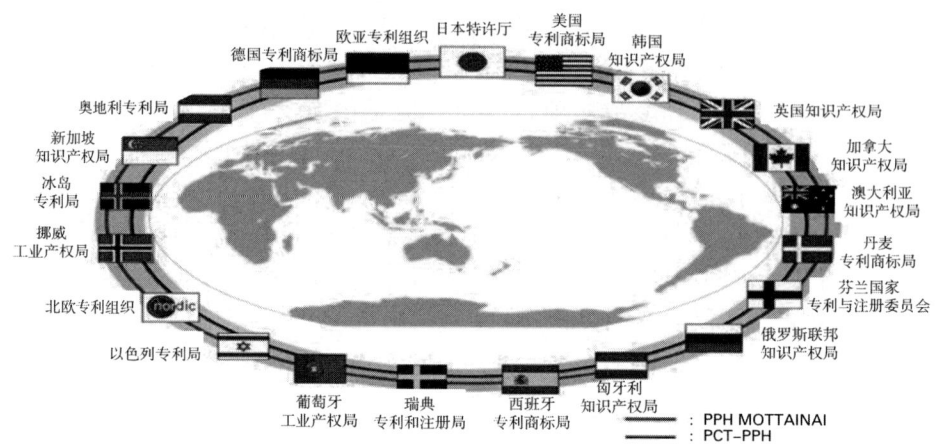

图 4-1 参与全球 PPH 试点项目的国家和地区

(三) 参与 PPH 请求项目的国家和地区

2006 年 7 月，美国专利商标局与日本特许厅首次开展了 PPH 项目试点。由于 PPH 既符合了跨国申请人希望加快同族申请在各国专利局审批速度，进而降低申请成本，尽快获得获权的需求，又符合了各国专利局为应对全球发明专利申请量持续增长带来的申请积压的困扰，因此 PPH 得到迅速发展。至 2014 年 12 月底，全球申请人提出 PPH 请求的总量已经达到近 7.5 万件。

截至 2016 年 4 月 1 日，全球参与 PPH 项目的专利机构总计 39 个，包括澳大利亚知识产权局、奥地利专利局、加拿大知识产权局、丹麦专利商标局、欧洲专利局、芬兰国家专利与注册委员会、德国专利商标局、匈牙利知识产权局、以色列专利局、日本特许厅、韩国知识产权局、墨西哥工业产权局、北欧专利局、挪威工业产权局、葡萄牙工业产权局、俄罗斯联邦知识产权局、新加坡知识产权局、西班牙专利商标局、瑞典专利和注册局、中国台湾地区"智慧财产局"、英国知识产权局、美国专利商标局、冰岛专利局、菲律宾知识产权局、捷克工业产权局、哥伦比亚工业产权局、尼加拉瓜知识产权局、马来西亚工业产权局、波兰专利局、欧亚专利组织、印度尼西亚知识产权局、泰国知识产权局、爱沙尼亚专利局、罗马尼亚发明和商标局、埃及专利局、秘鲁知识产权局、越南知识产权局以及中国国家知识产权局，见图 4-2。

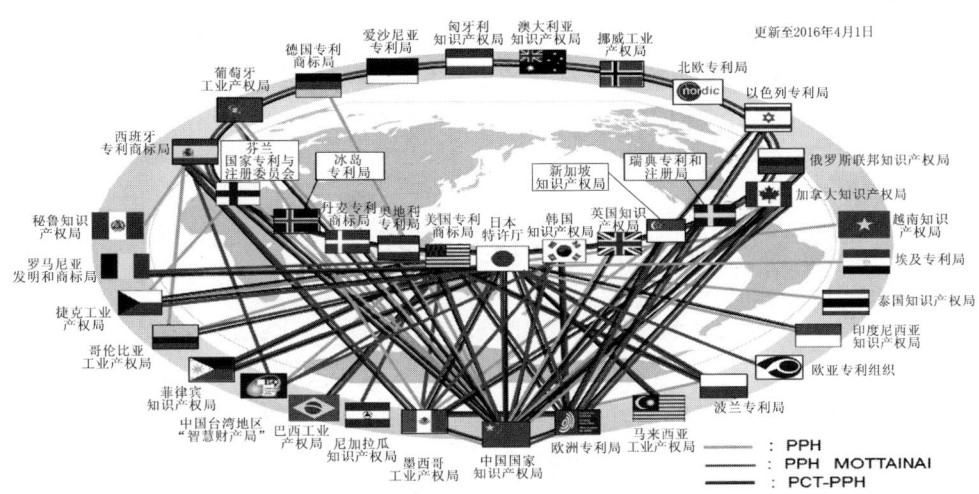

图 4-2　参与 PPH 试点项目的国家和地区

中国国家知识产权局于 2011 年 11 月 1 日正式与日本特许厅开展了 PPH 项目试点。截至 2016 年 7 月 1 日，与中国国家知识产权局已经正式开展 PPH 项目试点的外国专利局共计 20 个，包括日本特许厅、美国专利商标局、德国专利商标局、韩国知识产权局、俄罗斯联邦知识产权局、丹麦专利商标局、芬兰国家专利与注册委员会、墨西哥工业产权局、奥地利专利局、波兰专利局、新加坡知识产权局、加拿大知识产权局、葡萄牙工业产权局、西班牙专利商标局、欧洲专利局（通过 IP5-PPH 项目参加）、瑞典专利和注册局、以色列专利局、英国知识产权局、冰岛专利局、匈牙利知识产权局。中国国家知识产权局参与的 PPH 项目试点均是以双向形式采用双边或小多边协议的方式展开。虽然至目前开展项目试点时间不足 5 年，但中国国家知识产权局已经成为世界第二大 PPH 项目后续审查局，至 2014 年年底，向中国国家知识产权局提出的 PPH 请求的总数已达万件，同时仍呈现迅猛增长的势头。作为首次审查局，至 2014 年年底申请人基于中国国家知识产权局做出的工作结果向外国专利机构提出 PPH 请求的总数近 1 700 件。PPH 项目已经成为我国申请人海外获权过程中利用最为广泛的国际合作项目之一。

需要指出的是，各专利机构间签订 PPH 项目协议时，均签订了 PPH 项目指南，该指南通常称为《在××PPH 试点项目下向××提出 PPH 请求的流程》。例如基于中国国家知识产权局的工作结果向欧洲专利局提出 PPH 请求，应当依据《在 IP5-PH 试点项目下向 EPO 提出 PPH 请求的流程》。各局间签订 PPH 项目流程虽然在细节上各有不同，但大体框架和要求相似，从总体上均包括实质要求和形式要求两部分。本节主要针对向 IP5-PPH 下向欧洲专利局提出 PPH 请求的实质要求和形式要求进行阐述。

二、向欧洲专利局提出 PPH 请求的实质要求

PPH 请求的实质要求即提交 PPH 请求的适格性要求，包括首次申请与后续申请间的关系，首次申请可授权/具有可专利性，首次申请与后续申请的权利要求充分对应，提交 PPH 请求的时机合适等四方面。

（一）申请与对应申请间的关系

1. 常规 PPH 中申请与对应申请间的关系

基于中国国家知识产权局工作结果向欧洲专利局提出 PPH 请求，是基于 IP5-PPH 试点项目进行的。按照《在 IP5-PH 试点项目下向欧洲专利局提出 PPH 请求的流程》要求，对于常规 PPH，提出加快审查请求的申请与对应申请间应当具有相同的最早日。该最早日可以是优先权日，也可以是申请日。换句话说，此情形下申请与对应申请间关系既包含基本型常规 PPH 所有情形，也包含再利用型常规 PPH 中的所有情形。

在再利用型 PPH 中，两申请间的关系不局限于两局间，例如两申请可以共同要求第三个国家或地区的优先权。再如申请人可利用后续申请受理局首先做出的工作结果反向在先申请受理局提出 PPH 请求。

具体而言，申请和对应申请应当满足以下关系之一：

（1）欧洲专利申请依《巴黎公约》有效要求 IP5 对应申请的优先权。例如，欧洲专利申请依《巴黎公约》有效要求中国申请优先权。

（2）欧洲专利申请是 IP5 对应申请（可以是国家申请或是 PCT 申请的国家阶段申请）有效优先权基础的申请。例如，欧洲专利申请是中国对应申请依《巴黎公约》有效要求的优先权基础的申请。

（3）欧洲专利申请和 IP5 对应申请依《巴黎公约》有效要求了

同一个在先申请（在先申请既可以是对应申请的在先国内申请，也可以是来自于第三个国家或地区的在先申请，抑或是 PCT 申请）作为优先权，EP 申请和 IP5 对应申请均可以是国家申请或是 PCT 申请的国家阶段申请。例如，欧洲专利申请为一个 PCT 申请的进入 EP 地区阶段申请，其和中国对应申请共同依《巴黎公约》有效要求某任意国申请优先权。又如，欧洲专利申请与中国对应申请为同一 PCT 申请进入不同国家/地区的国家阶段申请，其共同依《巴黎公约》要求了同一任意申请作为优先权。

（4）欧洲专利申请和 IP5 对应申请，是没有要求优先权的 PCT 申请进入欧洲地区/IP5 其他各专利机构所在国国家阶段的申请。例如，欧洲专利申请和对应中国申请分别是同一 PCT 申请进入欧洲地区、中国国家阶段的申请，并且该 PCT 申请无优先权要求。

（5）上述情况下，欧洲专利申请或对应申请的派生申请也满足要求。例如，上述情形的派生申请，如分案申请的情形也是符合要求的，例如，即某欧洲专利申请 A 为普通的欧洲专利申请，并且有效要求了中国对应申请的优先权，欧洲专利申请 B 是某欧洲专利申请 A 的分案申请，则欧洲专利申请 B 与中国对应申请的关系满足要求。

2. PCT-PPH 中申请与对应申请间的关系

PCT-PPH 利用的是对应 PCT 申请的国际阶段工作结果，不要求对应 PCT 申请的受理局，而要求对应 PCT 申请的国际单位是参与 PPH 项目的国家局或地区局。同时，PCT-PPH 对作为优先权基础的申请的受理局没有要求，作为优先权基础的申请可以是任意国家申请，也可以是 PCT 申请。

在 PCT-PPH 下，申请间关系包括：

（1）欧洲专利申请是对应 PCT 申请的欧洲地区阶段申请。例如，欧洲专利申请是对应 PCT 申请的欧洲地区阶段申请，该 PCT 申请未要求优先权；再如，欧洲专利申请为要求了任意国优先权的 PCT 申请的欧洲地区阶段申请；还如，欧洲专利申请为要求了另一 PCT 申请优先权的 PCT 申请进入欧洲地区阶段的申请。

（2）欧洲专利申请是作为对应 PCT 申请的优先权要求基础的申请。

（3）欧洲专利申请是有效要求了对应 PCT 申请的优先权的 PCT 申请进入欧洲地区阶段的申请。

（4）欧洲专利申请是有效要求了对应 PCT 申请的国外/国内优先

权的普通欧洲专利申请。

(5) 上述情况下,欧洲专利申请的派生申请也满足要求。例如,欧洲专利申请为对应 PCT 申请进入欧洲地区阶段申请的分案申请。又如,欧洲专利申请和对应 PCT 申请共同依《巴黎公约》有效要求了某一欧洲专利申请的优先权。

(二) 对应申请的可专利性/可授权性

对应申请的可专利性/可授权性是指,对应申请的最新工作结果明确指出对应申请中至少有一项,或有多项权利要求被首次申请受理局或首次审查局认为可授权/具有可专利性,即其针对至少一项权利要求作出了肯定性的意见。

1. "最新工作结果" 释义

"最新工作结果"是指无论该对应申请是否已经被授权,在首次申请受理局或首次审查局作出的多份工作结果中均以其作出的最新的工作结果为准,即以通知书的发文日为判断"最新"的标准。"明确指出"是指对应申请的审查局在工作结果中表明可授权/具有可专利性的权利要求的意思表示,而不是仅为某种含糊的具有假定性的意思表达。

能够视为明确认定权利要求可授权/具有可专利性的审查意见通知书依对应专利机构的不同而不同,具体如表 4-1 所示。

表 4-1　视为明确认定权利要求可授权/具有可专利性的审查意见通知书

首次申请受理局/首次审查局	工作结果类型
中国	授权通知书,第一/二/……次审查意见通知书,驳回决定,复审决定、无效决定
日本	授权决定、驳回理由通知书、驳回决定、申诉决定
美国	授权及缴费通知、非最终驳回意见、最终驳回意见
韩国	授权决定、驳回理由通知书、驳回决定、申诉决定
PCT-PPH 国际单位	国际检索单位书面意见、国际初步审查报告

可以看出,常规 PPH 下,出现多份通知书时,应当以提交 PPH 请求时对应申请的最新国家工作结果中所明确指明的可授权/具有可专利性的权利要求为准。在 PCT-PPH 下,则是指对应专利机构作为

国际检索单位和/或国际初步审查单位，在所作出国际阶段的最新工作结果中，明确指出了对应 PCT 申请中至少一项或多项权利要求是可授权/具有可专利性（从新颖性、创造性和工业实用性方面考虑）。申请人应当注意的是，国际工作结果并不包含国际检索报告（ISR），这是因为国际检索报告仅是一份检索报告，里面并不包括审查员对该申请三性以及其他方面的评价，因而并不能认为是国际工作结果，申请人不能仅基于国际检索报告提出 PCT-PPH 请求。

2."明确指出"释义

"明确指出"是指对应申请审查局在工作结果中明确指示具有可专利性/可授权性的权利要求的意思表示，而非模糊的意思表示或假定性的意思判定。一般而言，"明确指出"可授权/具有可专利性的权利要求在最新工作结果通知书的表格页中或者正文中有详细的描述和明确的说明。例如，在对申请的审查局为中国家知识产权局时，在授予发明专利权通知书第二部分列出的权利要求被认为是可授权的，见图 4-3。

2.授予专利权的上述发明专利申请是以下列申请文件为基础的：
　□原始申请文件。　□分案申请递交日提交的文件。　☒下列申请文件：
　　申请日提交的说明书附图、说明书摘要、摘要附图；
　　2012 年 1 月 17 日提交的说明书第 1-36 段；
　　2012 年 4 月 5 日提交的权利要求第 1-6 项

图 4-3　中国国家知识产权局出具的授予发明专利权通知书中
明确认定可授权的权利要求

在向欧洲专利局提出常规 PPH 请求时，如果最新的审查意见通知书未明确指明可授权的权利要求，❶ 而只提及具有缺陷的权利要求，申请人可以在除明确指出缺陷的权利要求外，就其他的权利要求具有可专利性提出声明并作出解释。该声明可以写明：就该权利要求中国国家知识产权局作出的审查意见通知书中未给出驳回理由，因此该权利要求被中国国家知识产权局认为是可授权的。如图 4-4 所示。

---

❶ 在中国国家知识产权局"第一次审查意见通知书"第六项"审查的结论性意见"之"关于权利要求书"部分或"第二/三/……次审查意见通知书"第五项"审查的结论性意见"之"关于权利要求书"部分未提及的权利要求。

第 一 次 审 查 意 见 通 知 书

6. 审查的结论性意见：
关于说明书：
- ☐ 申请的内容属于专利法第 5 条规定的不授予专利权的范围。
- ☐ 说明书不符合专利法第 26 条第 3 款的规定。
- ☐ 说明书不符合专利法第 33 条的规定。
- ☐ 说明书的撰写不符合专利法实施细则第 17 条的规定。

关于权利要求书：
- ☐ 权利要求 _____ 不符合专利法第 2 条第 2 款的规定。
- ☐ 权利要求 _____ 不符合专利法第 9 条第 1 款的规定。
- ☐ 权利要求 _____ 不具备专利法第 22 条第 2 款规定的新颖性。
- ☐ 权利要求 _____ 不具备专利法第 22 条第 3 款规定的创造性。
- ☐ 权利要求 _____ 不具备专利法第 22 条第 4 款规定的实用性。
- ☐ 权利要求 _____ 属于专利法第 25 条规定的不授予专利权的范围。
- ☒ 权利要求 5, 12 不符合专利法第 26 条第 4 款的规定。
- ☐ 权利要求 _____ 不符合专利法第 31 条第 1 款的规定。
- ☒ 权利要求 1, 8 不符合专利法第 33 条的规定。
- ☐ 权利要求 _____ 不符合专利法实施细则第 19 条的规定。
- ☐ 权利要求 _____ 不符合专利法实施细则第 20 条的规定。
- ☐ 权利要求 _____ 不符合专利法实施细则第 21 条的规定。
- ☐ 权利要求 _____ 不符合专利法实施细则第 22 条的规定。

- ☐ 申请不符合专利法第 26 条第 5 款或者实施细则第 26 条的规定。
- ☐ 申请不符合专利法第 20 条第 1 款的规定。
- ☐ 分案申请不符合专利法实施细则第 43 条第 1 款的规定。

上述结论性意见的具体分析见本通知书的正文部分。

图 4-4 中国申请的工作结果中没有明确指明具有可专利性的权利要求

在向欧洲专利局提出 PCT-PPH 请求时，国际阶段的最新工作结果"明确指出"的含义是通过国际工作结果的第 V 栏来判断的。国际阶段的工作结果中，第 V 栏均为按照条约相关规定，关于新颖性、创造性或工业实用性的推断性声明，以及支持这种声明的引证和解释。其中第 1 项中指明的被认定为具备新颖性、创造性以及工业实用性的权利要求即可作为国际阶段的工作结果中明确表明可授权/具有可专利性的权利要求，见图 4-5。

第四章 欧洲专利获权程序中可利用的国际合作项目

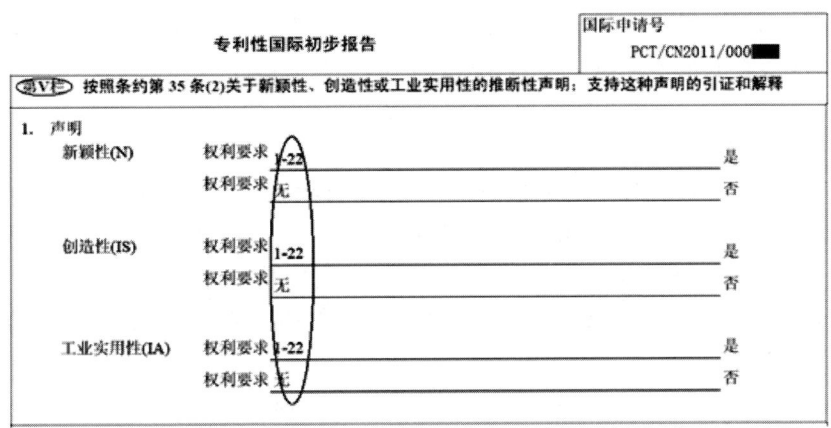

图 4-5　PCT 国际工作结果第 V 栏中明确认定具有可专利性的权利要求

国际工作结果第Ⅷ栏意见会列出该 PCT 申请的其他缺陷,例如,权利要求不清楚或者没有得到说明书的充分支持等,这可能会造成该 PCT 申请在国际阶段的"三性"上判定的不准确和不全面。需注意,对于向欧洲专利局提交的 PPH 请求,如果最新国际工作结果第Ⅷ栏存在意见,无论是否实际提交了修改以克服第Ⅷ栏的意见,申请人都需要提交关于此缺陷的解释和说明,说明其如何从实质上克服了国际工作结果第Ⅷ栏的意见。如果申请人不解释权利要求如何克服第Ⅷ栏的意见,则相关的权利要求将不被认为可授权/具有可专利性,因而申请人将不能请求参与 PCT-PPH 项目,见图 4-6。

图 4-6　PCT 国际工作结果第Ⅷ栏的意见

另外,如果工作结果针对某些权利要求仅给出了模糊性建议,例如,当一项权利要求被驳回时,如果对应专利机构的最新工作结果通

· 157 ·

知书中指出，可授权/具有可专利性的发明的某些特征未能恰当要求保护，若恰当要求保护范围，或可给予肯定性意见。这样建议的假设性权利要求是不被认为是可授权/具有可专利性的。

（三）权利要求的对应性

权利要求的对应性是指申请的每一项权利要求与对应申请中可授权/具有可专利性的权利要求充分对应。

申请的每一项权利要求都应当与对应申请中可授权/具有可专利性的权利要求充分对应，是指申请的每一项权利要求都应能够在其对应申请中找到与其充分对应的且已被认定为可授权/具有可专利性的权利要求。如果申请中某一项权利要求无法在对应申请中找到与其充分对应的可授权/具有可专利性的权利要求，那么就不满足权利要求的对应性要求。申请不需要包含对应申请中所有可授权/具有可专利性的权利要求，允许申请人删除某些权利要求。比如，对应申请中包含 5 项具有可授权/具有可专利性的权利要求，但是申请的所有权利要求仅为其中 3 项，此种情况下仍满足权利要求的对应性要求。

（四）提交 PPH 请求的时机

向欧洲专利局提出的 PPH 请求的时机是在实质审查启动之前，即欧洲专利局尚未发出实质审查阶段的通知书。实质审查启动日的查询对于尚未公布的申请来说，仅申请人或其代表请求或通过使用 MY-files 服务调取文件才可见。如果该欧洲专利申请已经公布，则可以通过欧洲专利注册系统（EPR）进行查询。

同时，向欧洲专利局提出 PPH 请求，同一申请仅有一次提交机会。如果申请人所提交的 PPH 请求文件存在形式缺陷的时候，将给予申请人一次补正机会；补正不合格将不允许其参与 PPH 项目；如该 PPH 请求存在实质缺陷，将直接不允许其参与 PPH 项目。

三、向欧洲专利局提出 PPH 请求的形式要求

形式要求包括填写 PPH 请求表、提交必要附件以及需要满足各自不同附件的形式要求。一般来说，必要附件的种类均包含首次申请中被认为可授权/具有可专利性的所有权利要求副本及译文、所有最新国家/国际工作结果及译文、权利要求对应表以及工作结果中所涉及的引用文件副本。但是，由于各个国家或地区的专利机构的具体要求各有不同，因此在申请人提交 PPH 请求时，需要分别符合各国有关 PPH 的具体规定。

（一）PPH 请求表

2015 年之前，向欧洲专利局提交 PPH 请求必须使用"参与 IP5 专利审查高速路项目（PPH）请求表"。但 2015 年 1 月起，欧洲专利局开始启用"参与专利审查高速路（PPH）项目试点请求表"（以下简称"PPH 共同请求表"）。该请求表是在中国国家知识产权局的提议下由各局共同制定的，以使申请人向各局提交 PPH 请求时均使用相同的请求表格。目前全世界已有 16 个国家或地区已经启用或即将启用该表格，其中包含 IP5-PPH 项目中的所有专利机构和全球 PPH 项目中的大多数国家/地区专利机构。❶

PPH 共同请求表由六栏组成，包括：著录数据栏、请求栏、文件提交栏、权利要求对应性栏、说明事项栏以及签章栏。各栏填写要求分别如下：

（1）著录数据栏：申请人仅需要在此填写正确的申请号；

（2）请求栏：申请人需要在此填写在先审查局（OEE）、PPH 请求类型、在先审查局申请号以及 PPH 申请与在先审查局申请间的关系。具体见图 4-7。

---

❶ 已经使用《参与专利审查高速路（PPH）项目试点请求表》的专利局包括：SIPO、APO、ILPO、HIPO、SPTO、EPO、INPI（葡萄牙）、挪威、奥地利、USPTO、俄罗斯、CIPO、DKPTO、KIPO、JPO，即将使用的包括 UKIPO。

欧洲专利获权策略

```
B. Antrag / Request / Requête
Der Anmelder beantragt die Teilnahme am Pilotprogramm "Patent Prosecution Highway (PPH)" auf folgender Grundlage:
The applicant requests participation in the "Patent Prosecution Highway (PPH)" pilot programme based on:
Le déposant demande à participer au programme pilote "Patent Prosecution Highway" sur la base des éléments suivants :

Früher prüfendes Amt (OEE)
Office of Earlier Examination (OEE)        [ 参与 PPH 项目的首次审查局的名称/国别 ]
Office ayant effectué l'examen antérieur (OEE)

Aktenzeichen der OEE-Anmeldung
(nationales bzw. PCT-Aktenzeichen)
OEE application number                     [ OEE 工作结果中指明的申请号 ]
(national or PCT application number)
Numéro de la demande OEE
(n° national ou n° de dépôt PCT)

Art des OEE-Arbeitsergebnisses       □ Bescheid(e) des nationalen/regionalen Amts
OEE work products type                  National/regional office action(s)
Type de produit résultant de travaux de l'OEE    Notification(s) de l'office national/régional

                                      □ Bescheide der internationalen Behörde (WO-ISA, WO-IPEA oder IPER)
                                        International authority actions (WO-ISA, WO-IPEA or IPER)
                                        Notification(s) de l'administration internationale (WO-ISA, WO-IPEA ou IPER)

Anmelde-/Prioritätstag der OEE-Anmeldung
OEE application filing/priority date       [ OEE 申请的申请日/优先权日（两申请间关系中的最早日）]
Date de dépôt/de priorité de la demande OEE
```

图 4-7　PPH 共同请求表第 B 栏的填写要求

关于 PPH 请求类型的勾选，针对使用对应申请的国家工作结果参与 PPH 项目的，均在请求表中勾选"基于国家/地区的审查意见"，此类 PPH 属于常规 PPH；使用对应申请的国际工作结果参与 PPH 项目的，在请求表中勾选"基于 WO-ISA、WO-IPEA 或 IPER"，此类 PPH 属于 PCT-PPH。

（3）文件提交栏：此栏由四栏组成，分别涉及在先审查局工作结果及其所需译文，在先审查局认定可授权/具有可专利性的所有权利要求的副本及其所需译文，在先审查局工作结果引用的文件、已提交文件。

此栏按照 PPH 请求必要附件的实际提交情况进行填写。具体见图 4-8。

其中，第 I 栏为在先审查局工作结果及其译文，是指在先审查局对对应申请作出的审查意见通知书及其译文，或最新国际工作结果及其译文；第 II 栏为在先审查局在最新的审查意见通知书中所认定为可授权的所有权利要求的副本及其译文。上述勾选规则为：如在提交该 PPH 请求时一并实际提交副本，则勾选"提交了在先审查局工作结果/在先审查局认定为可授权的所有权利要求的副本"；如申请人省略提交了所有在先审查局工作结果的副本，仅需勾选"请求通过案卷访问系统或 PATENTSCOPE 获取上述文件"。申请人应当按照提交副本的实际情况进行勾选，见图 4-9。

第四章 欧洲专利获权程序中可利用的国际合作项目

I. OEE-Arbeitsergebnisse und Übersetzungen /OEE work products and translations/Notifications de l'OEE

1. ☐ Eine Kopie der OEE-Arbeitsergebnisse ist beigefügt oder
A copy of OEE work products is attached; or
Une copie des notifications de l'OEE est jointe ; ou

☐ das Amt wird ersucht, die Unterlagen über das Aktenzugriffssystem bzw. PATENTSCOPE abzurufen.
the Office is requested to retrieve documents via the Dossier Access System or PATENTSCOPE.
il est demandé à l'Office de se procurer les documents via le système d'accès aux dossiers ou PATENTSCOPE.

2. ☐ Eine Übersetzung der unter 1 genannten Unterlagen in eine vom Amt zugelassene Sprache ist beigefügt oder
A translation of the documents referred to in point 1 above in a language accepted by the Office is attached; or
Une traduction des documents visés au point 1 dans une langue acceptée par l'Office est jointe ; ou

☐ das Amt wird ersucht, die Unterlagen über das Aktenzugriffssystem bzw. PATENTSCOPE abzurufen.
the Office is requested to retrieve documents via the Dossier Access System or PATENTSCOPE.
il est demandé à l'Office de se procurer les documents via le système d'accès aux dossiers ou PATENTSCOPE.

II. Vom OEE für patentierbar/gewährbar befundene Ansprüche und Übersetzungen
Claims determined to be patentable/allowable by OEE, and translations
Revendications jugées brevetables/admissibles par l'OEE et traductions

3. ☐ Eine Kopie der vom OEE für patentierbar/gewährbar befundenen Ansprüche ist beigefügt oder
A copy of all claims determined to be patentable/allowable by OEE is attached; or
Une copie de toutes les revendications jugées brevetables/admissibles par l'OEE est jointe ; ou

☐ das Amt wird ersucht, die Unterlagen über das Aktenzugriffssystem bzw. PATENTSCOPE abzurufen.
the Office is requested to retrieve documents via the Dossier Access System or PATENTSCOPE.
il est demandé à l'Office de se procurer les documents via le système d'accès aux dossiers ou PATENTSCOPE.

4. ☐ Eine Übersetzung der unter 3 genannten Unterlagen in eine vom Amt zugelassene Sprache ist beigefügt oder
A translation of the documents referred to in point 3 above in a language accepted by the Office is attached; or
Une traduction des documents visés au point 3 dans une langue acceptée par l'Office est jointe ; ou

☐ das Amt wird ersucht, die Unterlagen über das Aktenzugriffssystem bzw. PATENTSCOPE abzurufen.
the Office is requested to retrieve documents via the Dossier Access System or PATENTSCOPE.
il est demandé à l'Office de se procurer les documents via le système d'accès aux dossiers ou PATENTSCOPE.

图 4-8　PPH 共同请求表文件提交栏的第 Ⅰ、Ⅱ 栏

III. In den OEE-Arbeitsergebnissen angeführte Dokumente
Documents cited in OEE work products
Documents cités dans les notifications de l'OEE

5. ☐ Eine Kopie der in den OEE-Arbeitsergebnissen angeführten Nichtpatentliteratur ist beigefügt oder
A copy of all non-patent documents cited in OEE work products is attached; or
Une copie de tous les documents non-brevets cités dans les notifications de l'OEE est jointe ; ou

☐ es wurden keine Dokumente angeführt.
no references cited.
aucun document cité.

图 4-9　PPH 共同请求表文件提交栏的第 Ⅲ 栏

第Ⅲ栏为在先审查局工作结果引用的文件，是指前述审查意见通知书引用的文件。例如，在提交该 PPH 请求时一并提交在先审查局工作结果引用的所有构成驳回理由的非专利文献的副本，则勾选"提交了在先审查局工作结果引用的所有文件的副本（专利文献除外）"；如在先审查局申请工作结果无引用文件，勾选"无引用文件"，见图 4-10。

```
IV. Früher eingereichte Unterlagen
    Previously submitted documents
    Documents produits précédemment
6. □ Wenn eine oder mehrere der vorstehend genannten Unterlagen bereits eingereicht wurden, geben Sie bitte die Anmeldenummer und das Datum
     der Einreichung an:
     If any of the above-mentioned documents have been submitted before, please specify application number and date of submission:
     Si l'un des documents visés plus haut a déjà été produit, veuillez préciser le numéro de la demande et la date d'envoi :
     | Anmeldenummer       | Datum |
     | Application number  | Date  |
     | Numéro de la demande| Date  |
```

图 4-10　PPH 共同请求表文件提交栏的第 IV 栏

第 IV 栏为已提交的文件，当申请人已通过同步或在前程序提交了表格中前述 1~5 述及的文件时，申请人可以不必提交相关文件，但必须清楚说明该项含有在先提交文件的申请号和提交日期。

（4）权利要求对应性栏：申请人需要在该栏详细描述申请与对应申请之间的权利要求对应性关系，见图 4-11。

```
D. Anspruchskorrespondenz / Claims correspondence / Concordance des revendications
□ Alle Ansprüche der Anmeldung entsprechen in ausreichendem Maße den patentierbaren/gewährbaren Ansprüchen der OEE-Anmeldung oder:
  All the claims in the application sufficiently correspond to the patentable/allowable claims in the OEE application, or:
  Toutes les revendications contenues dans la demande concordent suffisamment avec les revendications brevetables/admissibles de la
  demande OEE ; ou :

  申请人需在此声明：申请的所有权利要求均与对应申请的具有可专利性/可授权的权利要求
  具有充分对应性，或在此具体解释充分对应关系。

Erläuterungen zu Bemerkungen in Feld VIII (Formblatt PCT/ISA 237 oder Formblatt PCT/IPEA 409)
Explanations regarding Box VIII observations (Form PCT/ISA 237 or Form PCT/IPEA 409)
Explications relatives aux observations figurant dans le cadre VIII (Formulaire PCT/ISA 237 ou Formulaire PCT/IPEA 409)

  当对应 PCT 申请的最新国际工作结果第 VIII 栏有意见时，申请人应当在此进行解释。
```

图 4-11　PPH 共同请求表文件提交栏的第 D 栏

对于向欧洲专利局提交的 PPH 请求，申请人在权利要求对应性解释栏中无须进行详细解释，仅声明两申请间的权利要求具有充分对应关系，即勾选该栏第一项即可。但是当对应 PCT 申请的最新国际工作结果第 VIII 栏有意见时，申请人需要在该栏第二项中进行解释或说明，说明其如何从实质上克服了国际工作结果第 VIII 栏的意见。如果申请人不解释权利要求如何克服第 VIII 栏的意见，则申请的权利要求将不被认为可授权/具有可专利性，因而将不能参与 PCT-PPH 项目。

（5）日期、提交地、签章栏：需要在日期/提交地栏中填写相应信息，并在签章栏予以签字或盖章。

申请人应当注意，在 PPH 请求中，申请人可以省略提交某些必要附件，但是按照 PPH 指南的要求，这些省略提交的附件也应当被一并列在 PPH 请求表的相应位置。申请人在填写附加文件清单时必须注意填写文件名称的完整性，以免造成文件名称填写的遗漏或错误。

(二) PPH 请求的必要附件

必要附件主要指对应申请的相关附件，一般包括对应申请中最新的可授权/具有可专利性的权利要求副本及其译文，关于对应申请的所有工作结果的副本及其译文，关于对应申请的工作结果中所有引用文件的副本。

1. 对应申请的最新可授权/可专利性权利要求副本及译文

判断权利要求可授权/具有可专利性始终以其最新的审查意见通知书为准，权利要求可授权/具有可专利性是在对应申请最新的审查意见通知书中明确指出的"可授权/具有可专利性的"的权利要求。

在提交在先审查局最新工作结果认定的可授权/具有可专利性的所有权利要求副本时，申请人可以提交官方副本，也可以提交符合要求的任意形式的权利要求副本。该副本应当包含对应申请所有可授权/具有可专利性的权利要求的内容。

申请人应当注意，并非所有已授权的对应申请在提交 PPH 请求时，授权公告文本中的权利要求均可以作为对应申请中可授权/具有可专利性的权利要求。申请人在提交 PPH 请求时应当关注对应申请的最新工作结果内容，特别是授权后的权利要求是否进行过更正或修改等。如果对应申请在授权后又作出了新的修改并且为对应专利机构所接受，此时应当根据修改的实际情况，提交对应专利机构最终所认可的修改文本。

对应申请可授权/具有可专利性的权利要求副本译文是对对应申请可授权/具有可专利性权利要求副本的完整翻译。向欧洲专利局提交 PPH 请求时，该副本译文应当是欧洲专利局工作语言之一，即英语、德语或法语。副本译文的内容应当翻译完整，使用同一种语言进行翻译，译文内容应当与副本内容相一致。

在提交对应申请中认为可授权/具有可专利性的所有权利要求副本译文时，申请人可以提交任意方式获取的译文，例如对应专利机构网站上机器翻译的译文。但是若由于翻译不充分导致审查员无法理解译文内容，欧洲专利局将要求申请人重新提交译文。

对应申请所有可授权/具有可专利性的权利要求副本及译文存在可以省略提交的情形是：对应申请所有可授权/具有可专利性权利要求副本和/或译文可以通过案卷访问系统查阅或"PATENTSCOPE®"获得时，除非后续审查局（OLE）要求，通常申请人可以不用提交相关文件。依据IP5-PPH项目向欧洲专利局提交PPH请求时，案卷访问系统见表4-2。

表4-2 案卷访问系统网址

在先审查局	案卷访问系统
中国国家知识产权局	中国专利查询系统 （China patent enquiry system）
美国专利商标局	Public Pair 中 Patent Full-Text Databases （http://portal.uspto.gov/external/portal/pair/）
日本特许厅	AIPN
韩国知识产权局	K-PION

对于PCT-PPH，"PATENTSCOPE®"网址是http://www.wipo.int/pctdb/en/index.jsp。

2. 对应申请的所有国家工作结果/最新国际工作结果副本及译文

对于常规PPH项目，申请人需要提交对应申请所有审查意见通知书的副本及其译文。这里的审查意见通知书是指与对应申请审查局关于可专利性的实质审查相关的所有通知书，不仅包括其在实质审查程序中作出的审查意见通知，还包括实质审查程序结束时所发出的各种决定，例如，授权决定、驳回决定以及申诉决定等。依照IP5-PPH，向欧洲专利局提出PPH请求时，这些工作结果如表4-3所示。

表4-3 视为明确认定权利要求可授权/具有可专利性的审查意见通知书

在先审查局	工作结果类型
中国国家知识产权局	授权通知书、第一/二/……次审查意见通知书，驳回决定，复审决定，无效决定
日本特许厅	授权决定，驳回理由通知书，驳回决定，申诉决定

续表

在先审查局	工作结果类型
美国专利商标局	授权及缴费通知，非最终驳回意见，最终驳回意见
韩国知识产权局	授权决定，驳回理由通知书，驳回决定，申诉决定
PCT-PPH 国际单位	国际检索单位书面意见，国际初步审查报告

对于 PCT-PPH 项目，申请人应提交国际单位认定权利要求可授权/具有可专利性的最新国际工作结果的副本，即国际检索单位的书面意见（WO/ISA）或国际初步审查报告（IPER）中最新的工作结果。

对应申请所有国家工作结果/最新国际工作结果副本译文是对对应申请所有国家工作结果/最新国际工作结果副本的完整翻译。向欧洲专利局提交 PPH 请求时，该副本译文应当是欧洲专利局工作语言之一，即英语、德语或法语之一。副本译文的内容应当翻译完整，使用一种语言进行翻译，译文内容应当与副本内容相一致。

在提交对应申请所有国家工作结果/最新国际工作结果副本译文时，申请人可以提交以任意方式获取的译文，例如，对应专利机构网站上机器翻译的译文。但是翻译不充分导致审查员无法理解译文内容的，后续审查局将要求申请人重新提交译文。

如果对应申请对应申请所有国家工作结果/最新国际工作结果副本及其译文可以通过案卷访问系统查阅或"PATENTSCOPE®"获得时，除非后续审查局（OLE）要求，通常申请人可以不用提交相关文件。依据 IP5-PPH 项目向欧洲专利局提交 PPH 请求时，案卷访问系统见表 4-2。

3. 对应申请工作结果引用文献

在常规 PPH 项目中，对应申请工作结果引用文献是指对应审查局就对应申请作出的所有审查意见通知书中引用的文件，包括各通知书正文和附件中所有列出的引用文件。申请人可以通过查找对应申请授权公告文本、对应申请授权决定通知书或者查找对应申请审查局关于该申请的数据库来获得对应申请引用文献的信息。

在 PCT-PPH 项目中，对应申请工作结果引用文献是指对应审查局在对应 PCT 申请的最新国际工作结果中引用文件的副本，引用文件副本信息可参见各国际阶段工作结果的第 V 栏"2. 文献及说明"和第 VI 栏中的内容。

向欧洲专利局提交 PPH 请求时，所有引用文献需要申请人填写在附件中。对于专利文献或者不构成驳回理由的非专利文献，申请人可以不予提交。构成驳回理由的非专利文献，申请人必须提交；但该文献是对应申请的国际工作结果的，无须提交。

4. 其他必要附件

除上述必要附件外，向欧洲专利局提交 PPH 请求时，申请人可能需要依照不同情形分别提交相关声明或解释类文件。例如，对应申请的最新工作结果通知书中未明确指明哪部分权利要求可授权/具有可专利性时，申请人需要提交解释或声明文件，以说明该部分权利要求相对于对应申请的引用文献是如何可授权/具有可专利性的。

四、PPH 请求的提交、审批及批准后的实审程序

1. PPH 请求的提交及审批

申请人可采用纸件或电子方式向欧洲专利局提交 PPH 请求，同时由于 PPH 项目在欧洲专利局属于无须收取官费的项目，因此申请人无须向欧洲专利局缴纳费用。

对于向欧洲专利局提交 PPH 请求，审批结论为同意其申请按照 PPH 程序加快处理的，将不通知申请人给予其申请加快审查特殊状态的决定。由于实质审查进程的加快，专利局将对申请尽快审查，此时，申请人将能较快收到实审阶段第一次通知书，以说明该申请的 PPH 请求获准，从而使其申请得到加快处理。

一般而言，PPH 请求获准的申请，将在系统标识为"加快申请"，并且在对其他类别申请启动审查前由后续审查局审查员优先进行实质审查。PPH 请求获准后，实审阶段加快情况与在欧洲专利局参与 PACE 加快程序的情况相同。

向欧洲专利局提交的 PPH 请求存在缺陷的，欧洲专利局将向申请人发出相应通知，指明审查员发现的缺陷。当缺陷不属于充分对应性缺陷时，欧洲专利局将允许申请人对此进行补正。如果申请人补正克服了缺陷，则该 PPH 请求将予以批准；如该 PPH 请求存在实质缺陷，将直接不允许其参与 PPH 项目。对于向欧洲专利局提出的 PPH 请求，同一申请仅有一次提交机会。

PPH 项目仅针对提出 PPH 请求的申请进行加快，不会惠及其派生申请。换句话说，如果申请人希望加快提出 PPH 请求的申请的派

生申请，应当对其派生申请重新提出 PPH 请求，并需要符合 PPH 项目各个方面的要求。

2. PPH 请求批准后的实审程序

对于提出 PPH 请求的申请，其实质审查标准与一般申请的实质审查标准相同，这是因为 PPH 合作协议仅建立在后续申请受理局或首次审查局可以利用（不是承认）首次申请受理局或首次审查局作出的检索和审查结果的基础之上。

第三节　中国与欧洲国家开展的双边 PPH 项目实务

一、中国目前与欧洲国家开展的 PPH 项目概述

（一）中国目前与哪些欧洲国家/地区开展了 PPH 项目

中国国家知识产权局于 2012 年 1 月 23 日正式与德国专利商标局开展了 PPH 项目试点，这也成为中国国家知识产权局与欧洲地区的国家专利局开展 PPH 项目试点的起点。截至 2015 年 7 月 1 日，与中国国家知识产权局已经正式开展 PPH 项目试点的欧洲国家/地区专利局共计 12 个，包括德国专利商标局、俄罗斯联邦知识产权局、丹麦专利商标局、芬兰国家专利与注册委员会、奥地利专利局、波兰专利局、葡萄牙工业产权局、西班牙专利商标局、欧洲专利局（通过 IP5-PPH 项目参加）、瑞典专利和注册局、英国知识产权局、冰岛专利局。这些国家/地区几乎已经覆盖我国申请人在欧洲提出申请并要求获权的主要国家/地区。PPH 项目已经成为我国申请人在欧洲国家/地区获权过程中加快审查的主要抓手。

（二）中国与欧洲国家/地区开展的 PPH 项目包括哪些 PPH 类型

除中国国家知识产权局与欧洲专利局参与的 IP5-PPH 项目试点外，其他与欧洲国家专利机构开展的 PPH 项目试点均是以双边项目形式存在，且试点类型包括常规 PPH 和 PCT-PPH，具体明细见表 4-4。

表4-4 与中国国家知识产权局开展PPH项目的欧洲国家知识产权局

合作方	启动时间	试点类型
中德	2012.1.23	常规
中俄	2012.7.1	常规、PCT
中丹	2013.1.1	SIPO：常规
		DKPTO：常规、PCT
中芬	2013.1.1	常规、PCT
中奥	2013.3.1	常规、PCT
中波	2013.7.1	SIPO：常规
		PPO：常规、PCT
中葡	2014.1.1	SIPO：常规
		INPI：常规、PCT
中西	2014.1.1	常规、PCT
中瑞	2014.7.1	常规、PCT
中英	2014.7.1	常规、PCT
中冰	2014.7.1	常规、PCT

中国国家知识产权局与欧洲国家专利机构签订PPH项目协议时，均签订了PPH项目指南，具体为《在××PPH试点项目下向××提出PPH请求的流程》。例如，基于中国国家知识产权局的工作结果向德国专利商标局提出PPH请求，应当依据《在德中试点项目下向德国专利商标局提出PPH请求的流程》。各局间签订PPH项目流程虽然在细节上各有不同，但大体框架和要求相似，从总体上均包括实质要求和形式要求两部分。本节主要针对基于中国国家知识产权局工作结果向欧洲各国知识产权局提出PPH请求的实质要求和形式要求进行阐述。

二、向欧洲国家专利机构提出PPH请求的实质要求

1. 常规PPH中申请与对应申请间的关系

基于中国国家知识产权局工作结果向欧洲国家专利机构提出

PPH 请求，是基于双边试点项目进行的，因此该项目作为两个国家或地区的专利机构共同构建的一种加快审查制度，双边的性质也体现在中国申请和对应申请的关系中。对于常规 PPH，申请和对应申请的关系构建应当仅限于两个签订 PPH 协议的专利局之间。请注意，中国国家知识产权局与欧洲国家专利机构开展的 PPH 项目试点中均包含常规 PPH 项目。

以向德国提交 PPH 请求为例，德中 PPH 项目仅包括常规 PPH，德国申请和中国申请应当仅限于在德国专利商标局和在中国国家知识产权局提出的申请，不应涉及第三方专利局。图 4-12 所示的关系不符合常规 PPH 中申请与对应申请间的关系。

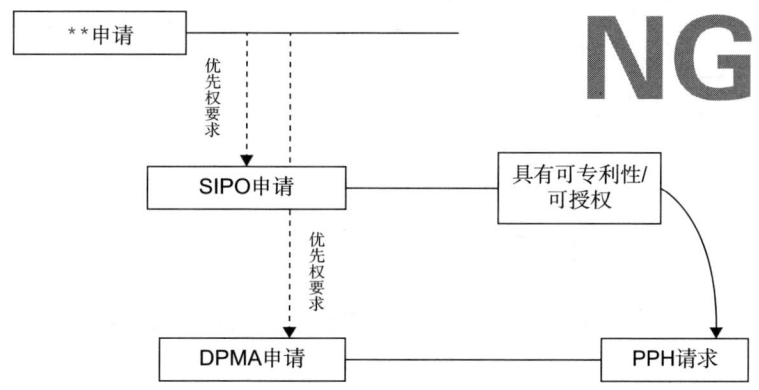

**：SIPO 之外的其他专利局。

图 4-12 申请与对应申请间关系涉及其他国家或地区

同时，在常规 PPH 中注重首次申请受理局与后续申请受理局的前后顺序。申请人应当使用首次申请受理局作出的工作结果向后续申请受理局提出 PPH 请求，而不允许反向使用。比如，如果某中国申请要求了一德国申请作为其优先权基础，则申请人仅能利用德国专利商标局作出的工作结果来对在中国提交的该后续申请提出 PPH 请求，而不允许使用中国国家知识产权局作出的工作结果反向对作为优先权基础的德国在先申请提出 PPH 请求。

因此，对于常规 PPH 项目，申请与对应申请间关系应当满足（以德国为例）：

（1）该申请依《巴黎公约》有效要求中国对应申请的优先权。例如，德国申请依《巴黎公约》有效要求中国申请的优先权。又如，德国申请和中国申请要求了同一中国申请作为优先权基础。

（2）该申请是没有要求优先权的 PCT 申请进入国家阶段的申请。例如，德国申请和对应中国申请分别是同一 PCT 申请进入德国国家阶段、中国国家阶段申请，并且该 PCT 申请无要求优先权。

（3）该申请依照《巴黎公约》有效要求了 PCT 申请的优先权，并且该 PCT 申请无要求优先权。例如，德国申请是普通的德国国家申请，并且有效要求了某一 PCT 申请优先权，对应中国申请是该 PCT 申请进入中国家阶段申请，且所说的 PCT 申请无要求优先权。见图 4-13。

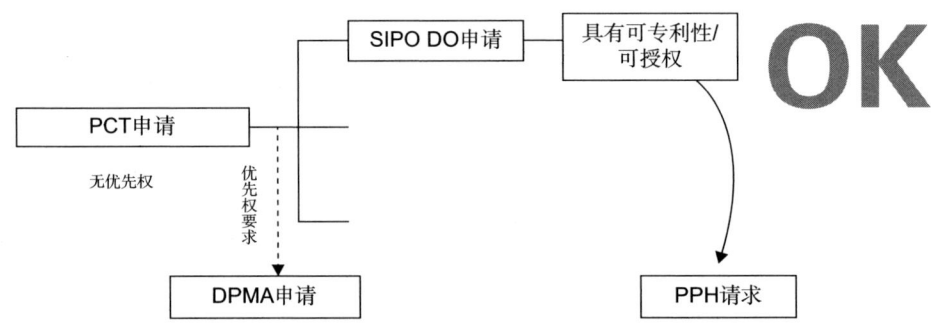

图 4-13　PCT 途径与《巴黎公约》途径复杂情形示例 1

又如，德国申请和对应中国申请分别是某一 PCT 申请进入德国国家阶段、中国国家阶段的申请，并且该 PCT 申请有效要求了另一 PCT 申请的优先权，所说的另一 PCT 申请无要求优先权，见图 4-14。

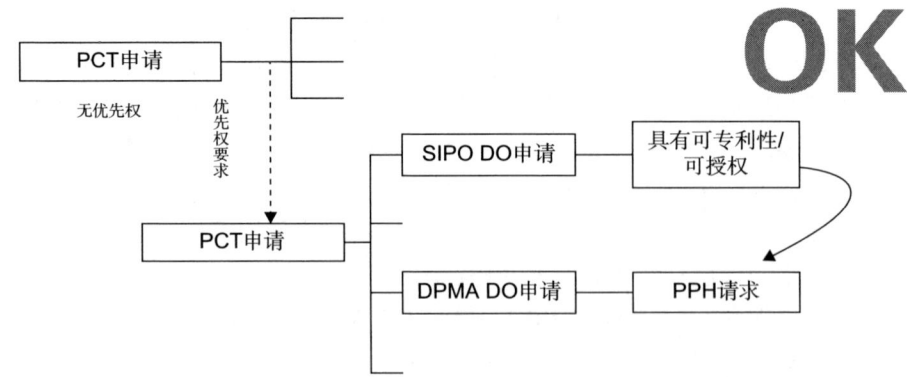

图 4-14　PCT 途径与《巴黎公约》途径复杂情形示例 2

(4) 上述情况下，申请与对应申请的派生申请也满足要求。

2. PCT-PPH 中申请与对应申请间的关系

PCT-PPH 利用的是对应 PCT 申请的国际阶段工作结果，不要求对应 PCT 申请的受理局，而要求对应 PCT 申请的国际单位是参与 PPH 项目的国家局或地区局。同时，PCT-PPH 对作为优先权基础的申请的受理局没有要求，作为优先权基础的申请可以是任意国家申请，也可以是 PCT 申请。中国国家知识产权局与欧洲国家专利机构开展的 PPH 项目中，仅中俄、中丹、中芬、中奥、中波、中西、中瑞包含 PCT-PPH 项目，即利用中国国家知识产权局作为国际检索/初审单位做出的最新国际阶段工作可以向上述局提出 PCT-PPH 请求。

在 PCT-PPH 下，申请间关系包括以下几种情形。（以中俄 PCT-PPH 为例。）

(1) 申请是对应 PCT 申请的欧洲地区阶段申请。例如，申请是对应 PCT 申请的欧洲国家阶段申请，该 PCT 申请未要求优先权，见图 4-15。

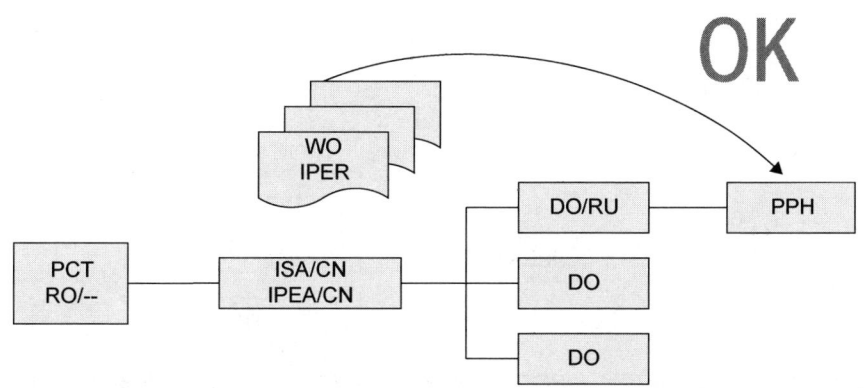

图 4-15 申请是对应 PCT 申请的欧洲国家阶段申请，该 PCT 申请未要求优先权

再如，申请为要求了任意国优先权的 PCT 申请的欧洲国家阶段申请，见图 4-16。

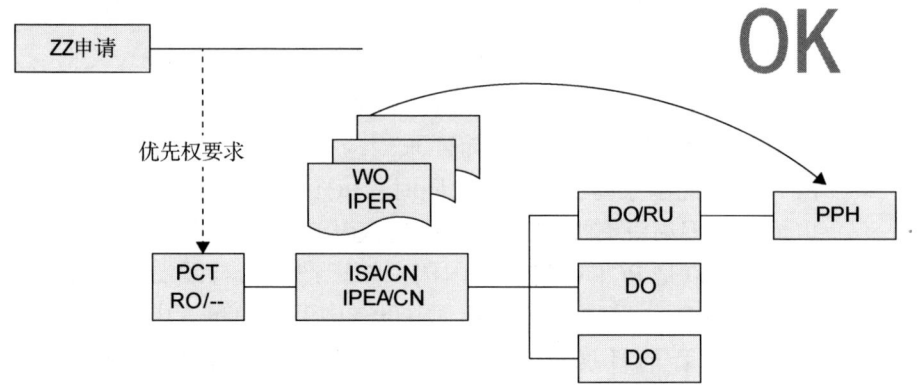

图 4-16　申请为要求了任意国优先权的对应 PCT 申请的欧洲国家阶段申请

再如，申请为要求了另一 PCT 申请优先权的 PCT 申请的欧洲国家阶段申请，见图 4-17。

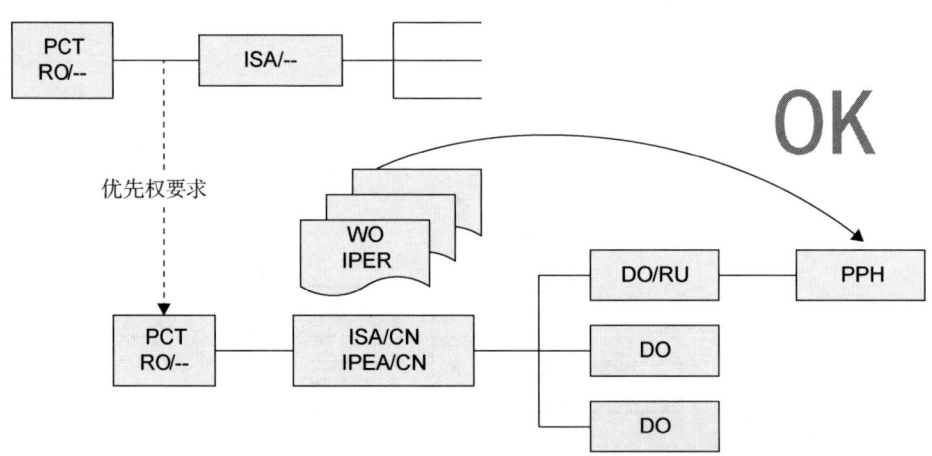

图 4-17　申请为要求了另一 PCT 申请优先权的对应 PCT 申请的欧洲国家阶段申请

（2）申请是作为对应 PCT 申请的优先权要求基础的申请，见图 4-18。

第四章　欧洲专利获权程序中可利用的国际合作项目

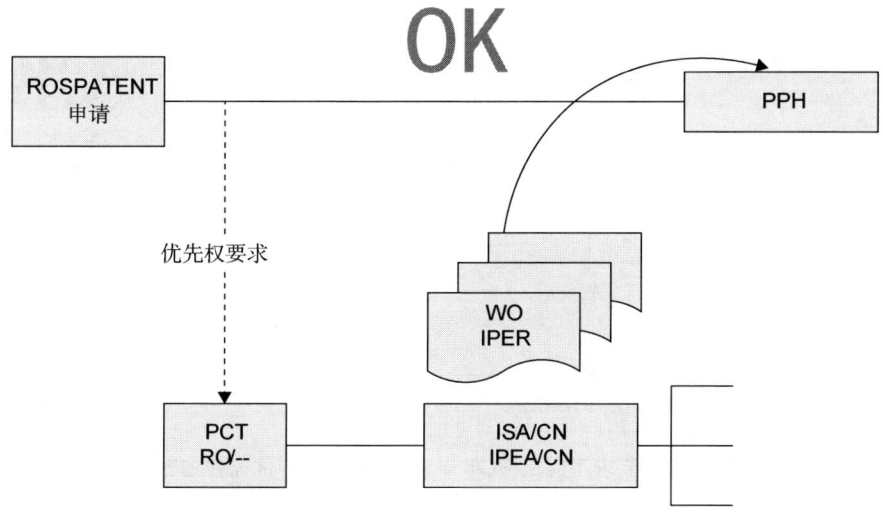

图4-18　申请是作为对应PCT申请的优先权要求基础的申请

（3）申请是有效要求了对应PCT申请的优先权的PCT申请的进入欧洲国家阶段申请，见图4-19。

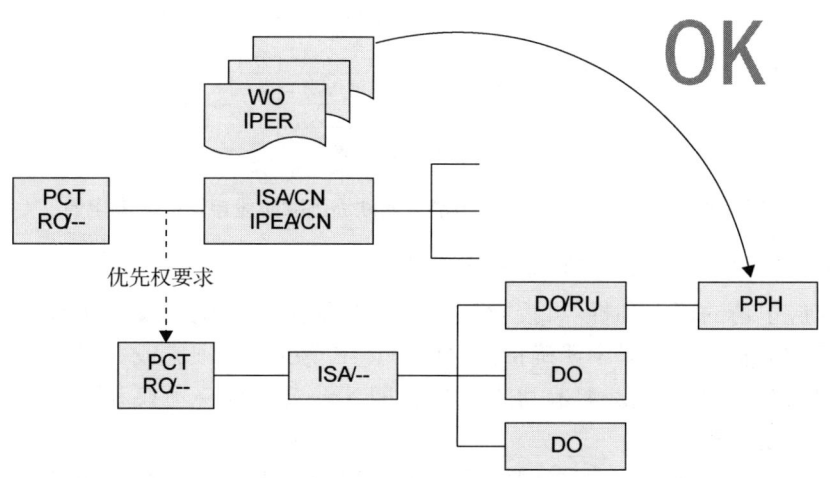

图4-19　申请是有效要求了对应PCT申请优先权的PCT申请的进入欧洲国家阶段申请

（4）申请是有效要求了对应PCT申请的国外/国内优先权的普通欧洲专利申请，见图4-20。

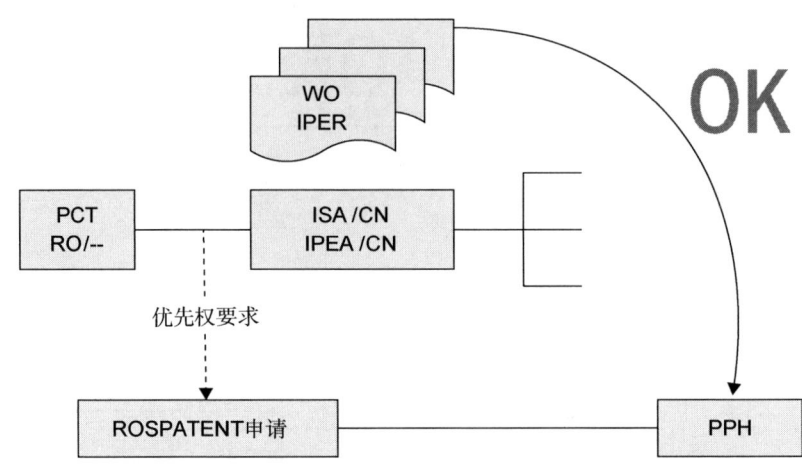

图 4-20　申请是有效要求了对应 PCT 申请的国外/国内优先权的普通欧洲专利申请

（5）上述情况下，申请的派生申请也满足要求。例如，申请为对应 PCT 申请进入欧洲国家阶段申请的分案申请，见图 4-21。

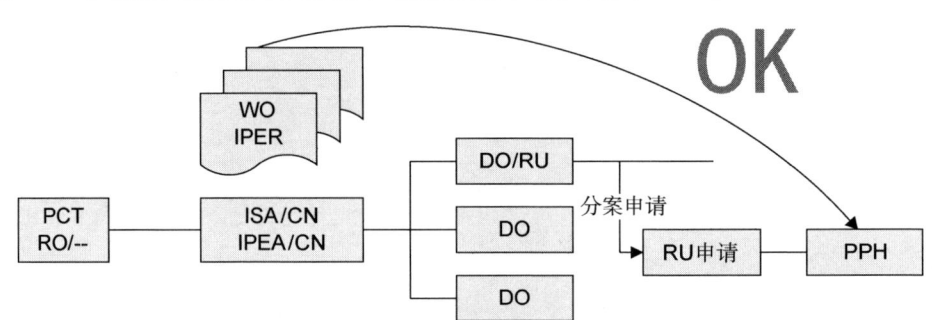

图 4-21　申请为对应 PCT 申请进入欧洲国家阶段申请的分案申请

3. 对应申请的可专利性/可授权性

对应申请的可专利性/可授权性是指，中国国家知识产权局在对应申请的最新工作结果中明确指出对应申请中至少有一项，或有多项权利要求被认为可授权/具有可专利性，即其针对至少一项权利要求作出了肯定性意见。

对于常规 PPH 而言，中国国家知识产权局作出肯定性意见的最新工作结果一般包括授权通知书，第一/二/……次审查意见通知书，驳回决定，复审决定，无效决定。如果中国国家知识产权局最新工作结果为授权决定相关结果，则在授予发明专利权通知书第二部分列出的权利要求被认为具有可授权性，见图 4-22。

第四章 欧洲专利获权程序中可利用的国际合作项目

2. 授予专利权的上述发明专利申请是以下列申请文件为基础的：
☐原始申请文件。 ☐分案申请递交日提交的文件。☒下列申请文件：
申请日提交的说明书附图、说明书摘要、摘要附图；
2012年1月17日提交的说明书第1-36段；
2012年4月5日提交的权利要求第1-6项

图4-22 中国国家知识产权局出具的授予发明专利权通知书中明确认定可授权的权利要求

但由于中国国家知识产权局的审查意见通知书中往往不明确指出特定的权利要求是可授权的，而是默认未在审查意见通知书中进行评述的权利要求满足授权条件，申请人必须在参与PPH试点项目请求书中或随参与PPH试点项目请求书的传送信件中声明：由于中国国家知识产权局的审查意见通知书未就该权利要求提出驳回理由，因此，该权利要求被中国国家知识产权局认定为是具有可专利性/可授权的。

例如，在中国国家知识产权局"第一次审查意见通知书"第六项"审查的结论性意见"之"关于权利要求书"部分，或"第二/三/……次审查意见通知书"第五项"审查的结论性意见"之"关于权利要求书"部分未提及的权利要求，可以被认为可授权/具有可专利性，但是申请人在提出PPH请求时必须就此给出上述解释，见图4-23。

第 一 次 审 查 意 见 通 知 书

6.审查的结论性意见：
关于说明书：
☐申请的内容属于专利法第5条规定的不授予专利权的范围。
☐说明书不符合专利法第26条第3款的规定。
☐说明书不符合专利法第33条的规定。
☐说明书的撰写不符合专利法实施细则第17条的规定。

关于权利要求书：
☐权利要求　　　不符合专利法第2条第2款的规定。
☐权利要求　　　不符合专利法第9条第1款的规定。
☐权利要求　　　不具备专利法第22条第2款规定的新颖性。
☐权利要求　　　不具备专利法第22条第3款规定的创造性。
☐权利要求　　　不具备专利法第22条第4款规定的实用性。
☐权利要求　　　属于专利法第25条规定的不授予专利权的范围。
☒权利要求5, 12不符合专利法第26条第4款的规定。
☐权利要求　　　不符合专利法第31条第1款的规定。
☒权利要求1, 8不符合专利法第33条的规定。
☐权利要求　　　不符合专利法实施细则第19条的规定。
☐权利要求　　　不符合专利法实施细则第20条的规定。
☐权利要求　　　不符合专利法实施细则第21条的规定。
☐权利要求　　　不符合专利法实施细则第22条的规定。
☐申请不符合专利法第26条第5款或者实施细则第26条的规定。
☐申请不符合专利法第20条第1款的规定。
☐分案申请不符合专利法实施细则第43条第1款的规定。
上述结论性意见的具体分析见本通知书的正文部分。

图4-23 中国申请的工作结果中没有明确指明可授权的权利要求

对于基于中国国家知识产权局与欧洲国家专利机构已经开展的 PPH 项目向欧洲国家提交 PPH 请求，针对中国国家知识产权局通知书中仅指明存在缺陷的权利要求，而未指明可授权的权利要求的情形，各局在确认权利要求是否是可授权的/具有可专利性时有以下不同的要求，见表 4-5。

对于 PCT-PPH 而言，表明权利要求是可授权的/具有可专利性的工作结果包括国际检索单位的书面意见，国际初审单位的书面意见以及国际初审报告。在 PCT-PPH 项目中，申请人应当使用最新的国际工作结果。国际工作结果并不包含国际检索报告（ISR），这是因为国际检索报告仅是一份检索报告，里面并不包括审查员对该申请三性以及其他方面的评价，因而不能被认为是国际工作结果。申请人不能仅基于国际检索报告提出 PCT-PPH 请求。

表 4-5 针对中国国家知识产权局通知书中仅指明存在缺陷的权利要求时各局在认定权利要求的可专利性/可授权性时的要求

后续申请受理局	常规 PPH
	视为指明可授权/具有可专利性的条件
德国专利商标局	申请人需要提交解释或声明文件，该声明可以写明：就该权利要求中国国家知识产权局作出的审查意见通知书中未给出驳回理由，因此该权利要求被中国国家知识产权局认为是可授权的
俄罗斯联邦知识产权局	
丹麦专利商标局	
芬兰国家专利与注册委员会	
奥地利专利局	
波兰专利局	
葡萄牙工业产权局	
西班牙专利商标局	
瑞典专利和注册局	
英国知识产权局	
冰岛专利局	

国际阶段的最新工作结果"明确指出"的含义是通过国际工作结果第 V 栏来判断的。国际阶段的工作结果中，第 V 栏均为按照条约相关规定，其内容包括关于新颖性、创造性或工业实用性的推断性声明，以及支持这种声明的引证和解释。其中第 1 项中指明的被认定

为具备新颖性、创造性以及工业实用性的权利要求,可作为国际阶段的工作结果中明确表明可授权/具有专利性的权利要求。

国际工作结果第Ⅷ栏列出了PCT申请一些缺陷。例如,权利要求不清楚,或没有得到说明书的充分支持等,这可能会造成PCT申请在国际阶段"三性"上判定的不准确和不全面。需注意,对于向欧洲国家专利机构提交PPH请求时,如果最新国际工作结果第Ⅷ栏记录有权利要求不清楚等上述缺陷时,申请人可能需要提交关于此缺陷的解释和说明。即无论申请人是否实际提交了修改以克服工作结果第Ⅷ栏的意见,都应当说明其如何从实质上克服了国际工作结果第Ⅷ栏的意见。如果申请人不解释权利要求如何克服第Ⅷ栏的意见,则相关的权利要求将不被认为可授权/具有可专利性,因而将不能请求参与PCT-PPH项目。

另外,如果工作结果中针对某些权利要求仅给出了模糊性建议,例如,当一项权利要求被驳回时,如果对应专利机构的最新工作结果通知书中指出:可授权/具有可专利性的发明的某些特征未能恰当要求保护,若恰当要求保护范围,或可给予肯定性意见。这样建议的假设性权利要求是不被认为是可授权/具有可专利性的。

4. 权利要求的对应性

权利要求的对应性是指申请的每一项权利要求与对应申请中可授权/具有可专利性的权利要求充分对应。

申请的每一项权利要求都应当与对应申请中可授权/具有可专利性的权利要求充分对应,一方面,是指申请的每一项权利要求都应能够在其对应申请中找到与其充分对应的且已被认定为具有可专利性/可授权性的权利要求。如果申请中某一项权利要求无法在对应申请中找到与其充分对应的可授权/具有可专利性的权利要求,那么就不满足权利要求的对应性要求。

另一方面,申请不需要包含对应申请中所有可授权/具有可专利性的权利要求,允许申请人删除某些权利要求。例如,对应申请中包含5项具有可专利性/可授权性的权利要求,但是申请的所有权利要求仅为其中3项,此种情况下仍满足权利要求的对应性要求。

权利要求对应性一般性判断标准如下:

(1) 考虑到由于翻译和权利要求的格式造成的差异,如果申请的权利要求与对应申请中可授权/具有可专利性权利要求有相同或相似的范围;或者申请的权利要求比对应申请中可授权/具有可专利性的权利要求的范围小，这些情形均会被认为是"充分对应"。

（2）其中"相同的范围"是指权利要求的范围完全相同。"相似的范围"是指由于各国语言语法、词序表达上的不同以及对权利要求撰写格式上要求的不同造成权利要求表达方式上的变化，但是实质上其保护范围（包括所要求保护的主题以及具体技术特征部分）仍然完全相同。

（3）"申请的权利要求比对应申请中可授权/具有可专利性的权利要求范围小"是指在对应申请中可授权/具有可专利性的权利要求的基础上增加了新的技术特征，使得这些权利要求的保护范围被附加技术特征进一步限定。增加的技术特征应得到申请的原始说明书和/或权利要求书的支持，即增加的技术特征应当在申请的原始说明书和/或权利要求书中有明确的出处和一致的表述。

（4）与对应申请中可授权/具有可专利性的权利要求相比，如果申请的权利要求中引入新的/不同类型的权利要求，由于保护的内容发生了变化，将被直接认定为不具有对应性。比如，对应申请的权利要求中仅包含制备产品的方法权利要求，如果后续申请的权利要求中引入依赖对应申请方法权利要求的产品权利要求，其属于引入不同类型的权利要求的情形，不满足权利要求的对应性要求。

申请人在向欧洲各国提交 PPH 请求时，应当参考中国国家知识产权局与各局签订的 PPH 流程的相应部分内容予以操作，其主要差异如表 4-6 所示。

表 4-6　与中国国家知识产权局签订 PPH 协议的欧洲各局在判定权利要求充分对应性时的主要差异

后续申请受理局	权利要求对应性判断主要差异
德国专利商标局	（1）德国申请的权利要求应当与中国申请中可授权/具有可专利性的权利要求具有相同的技术特征； （2）当中国国家知识产权局认为修改后权利要求可授权/具有可专利性时，德国申请的权利要求应与中国申请修改后的权利要求相对应； （3）如果德国的权利要求是之前被中国国家知识产权局认定为可授权/具有可专利性的权利要求之外的附加权利要求，若这些权利要求的范围在中国国家知识产权局认为可授权/具有可专利性的权利要求范围内，也认为符合对应性要求

续表

后续申请受理局	权利要求对应性判断主要差异
俄罗斯联邦知识产权局	与权利要求对应性判断的一般性规则一致
丹麦专利商标局	与前述权利要求对应性判断的一般性规则基本一致
芬兰国家专利与注册委员会	与前述权利要求对应性判断的一般性规则一致
奥地利专利局	（1）当与对应申请的权利要求具有相同范围时，也就是奥地利国家申请中的权利要求与中国申请中可授权/具有可专利性的权利要求具有相同技术特征时，则被认为具有对应性； （2）当中国国家知识产权局认为修改后权利要求可授权/具有可专利性时，奥地利国家申请中的权利要求应与中国申请中修改后的权利要求相对应； （3）若奥地利国家申请中的权利要求是在被中国国家知识产权局认为可授权/具有可专利性的权利要求的基础上增加附加特征的权利要求，并落入被中国国家知识产权局认为具有可专利性的权利要求范围时，则认为符合对应性要求
波兰专利局	与前述权利要求对应性判断的一般性规则一致
葡萄牙工业产权局	与前述权利要求对应性判断的一般性规则一致
西班牙专利商标局	（1）与前述权利要求对应性判断的一般性规则一致； （2）当西班牙权利要求是在中国申请中可授权/具有可专利性权利要求基础上增加被说明书支持的技术特征时，范围小的权利要求应撰写为从属权利要求
瑞典专利和注册局	与前述权利要求对应性判断的一般性规则一致
英国知识产权局	与前述权利要求对应性判断的一般性规则一致
冰岛专利局	与前述权利要求对应性判断的一般性规则一致

5. 提交 PPH 请求的时机

一般而言，向欧洲地区各个国家专利机构提出 PPH 请求是在实质审查启动之前，即此时尚未发出实质审查阶段的通知书，但有部分欧洲国家专利机构允许申请人在实审程序启动后仍可以提出 PPH 请求。具体提交时机见表 4-7。

表 4-7 向与中国国家知识产权局签订 PPH 协议的欧洲各局提交 PPH 请求的时机

后续申请受理局	提交 PPH 请求的时机
德国专利商标局	尚未对专利申请进行实质审查
俄罗斯联邦知识产权局	（1）尚未对专利申请进行实质审查； （2）在提出 PPH 请求时，申请人应当已经或者同时向 ROSPATENT 提出了实审请求，即提交了实审请求书并缴纳相应费用
丹麦专利商标局	尚未发出声明授权意向通知书。该通知书的名称是：授权意向通知（Berigtigelse（丹麦语）或 Intention to Grant（英语））或授权通知（Godkendelse（丹麦语）或 Grant（英文））
芬兰国家专利与注册委员会	尚未发出"同意通知书"。该通知书的名称是：Hyväksyvä välipäätös（芬兰语）
奥地利专利局	尚未发出"授予专利权的决定通知书"。该通知书的名称是：Erteilungsbeschluss（德语）
波兰专利局	尚未对专利申请进行实质审查
葡萄牙工业产权局	尚未对专利申请进行实质审查
西班牙专利商标局	尚未对专利申请进行实质审查
瑞典专利和注册局	尚未发出"最终通知"。该通知书的名称是：slutföreläggande（瑞典语）
英国知识产权局	尚未对专利申请进行实质审查
冰岛专利局	尚未发出声明授权意向通知书。该通知书的名称是：授权意向通知（Fyrirhuguoutgafa einkaleyfis（冰岛语）或 Intention to Grant（英语））或授权通知（Tilkynning um veitingu einkaleyfis（冰岛语）或 Notification of Grant（英语））

三、向欧洲国家专利机构提出 PPH 请求的形式要求

形式要求包括填写 PPH 请求表、提交必要附件以及满足各自不同附件的形式要求。一般来说，必要附件的种类均包含首次申请中被认为可授权/具有可专利性的所有权利要求副本及译文，所有国家/国际最新工作结果及译文，权利要求对应表以及工作结果中所涉及的引用文件副本。但是，由于各个国家专利机构对此的具体要求各有不同，

因此申请人在提交PPH请求时，需要符合各国有关PPH的具体规定。

（一）PPH请求表

1. PPH共同请求表

2015年之前，向欧洲国家专利机构提交PPH请求必须使用《参与IP5专利审查高速路项目（PPH）请求表》，但自2015年1月起，随着《参与专利审查高速路（PPH）项目试点请求表》（以下简称"PPH共同请求表"）的启用，越来越多的欧洲国家专利机构选择启用该表格。关于PPH共同请求表的详细使用，见本章第三节之"三、向EPO提出PPH请求的形式要求"下"（一）PPH请求表"。

2. 其他PPH请求表

除使用PPH共同请求表的欧洲国家专利机构外，向其他欧洲国家专利机构（包括德国专利商标局、芬兰国家专利与注册委员会、波兰专利局、瑞典专利和注册局、冰岛专利局）提交PPH请求时应当使用其各自设置的PPH请求表进行填写，见表4-8。

表4-8 除使用PPH共同请求表以外的其他欧洲国家
专利审查机构的PPH请求表获取地址

后续申请受理局	PPH请求表
德国专利商标局	可从DPMA网站获得
芬兰国家专利与注册委员会	可从NBPR网站获得：http://www.prh.fi/en/patentit/pph/request_for_pph.html
波兰专利局	可从PPO网站获得
瑞典专利和注册局	可从PRV网站获得：http://www.prv.se/upload/dokument/IPR-professionella/Request_Form_(PPH)_GPPH.pdf
冰岛专利局	可从IPO网站获得：http://www.els.is/en/patents/pph--accelerated-examination/pph---china?CacheRefresh=1

这些专利机构的请求表虽稍有不同，但需要申请人填写的内容均包含以下信息，以下以向芬兰国家专利与注册委员会提出PPH请求的请求表为例，见图4-24。

①后续申请与对应中国申请的申请号。

```
1   NBPR application number:
    （NBPR 申请号）
2   Corresponding ____ application number(s):
    （对应的____申请号）
```

图 4-24　芬兰 PPH 请求表的申请与对应申请号栏

②在先审查局工作结果及其所需译文，在先审查局认定可授权/具有可专利性的所有权利要求的副本及其所需译文，在先审查局工作结果引用的文件，见图 4-25。

```
3 Either:
    a) a Copy of the original ____ office action(s) in English attached: ☐
       （附加的原始____英文审查意见通知书的副本）
    b) a copy of the original ____ office action(s) translated in to either
       English or Finnish attached                                        ☐
       （附加的原始的翻译为英文或芬兰文的原始____审查意见通知书的副本）
    c) ____ office action(s) available in English via document database: ☐
       （可通过文件数据库获得的____英文的审查意见通知书）
    d) ____ office action(s) on file from previous PPH application:      ☐
       （从之前的 PPH 申请中存档的____审查意见通知书）
       NBPR application number:
       （NBPR 申请号）

4 Either:
    a) a copy of claims of the corresponding ____ application in English
       attached                                                            ☐
       （附加的对应____申请的权利要求的英文副本）
    b) a copy of the original claims of the corresponding ____ application
       translated into English or Finnish attached                         ☐
       （附加的对应____申请的翻译为英文或芬兰文的权利要求的副本）
    c) Claims of corresponding ____ application available via
       document database                                                   ☐
       （可通过文件数据库获得的对应____申请的权利要求）
    d) ____ application claims on file from previous PPH application       ☐
       （从之前的 PPH 申请中存档的____申请的权利要求）
       NBPR application number:
       （NBPR 申请号）

5 Translation version of foreign language citation attached               ☐
    （附加的外文引用文献的译文）
    (Please note that it is not necessary to provide translation of
    documents. However, applicant will be free to file translations to
    allow prompt consideration of the citations if they so desire.)
    （注意，不需要提交文献的译文。但是，如果申请人愿意，其可
    以自由提交译文，以迅速考虑这些引用文献）
```

图 4-25　芬兰国家专利与注册委员会 PPH 请求表的对应申请工作结果及其所需译文、对应申请认定可授权/具有可专利性的所有权利要求的副本及其所需译文、对应申请工作结果引用的文件栏

③权利要求对应性说明栏，见图4-26。

6 Claim correspondence table completed: ☐
（填写完成的权利要求对应表）

Claim correspondence table:
（权利要求对应表）

NBPR application claims （NBPR申请权利要求）	Patentable claims in ____ applications （____申请的具有可专利性的权利要求）	Explanation regarding the Correspondence （有关对应性的解释）

图4-26 芬兰PPH请求表的权利要求对应性说明栏

④签章栏。申请人应当注意，在PPH请求中，申请人可以省略提交某些必要附件，但是按照PPH指南的要求，这些省略提交的附件也应当被一并列在PPH请求表的相应位置。申请人在填写附加文件清单时必须注意填写文件名称的完整性，以免造成文件名称填写的遗漏或错误。

（二）PPH请求的必要附件

必要附件主要指对应申请的相关附件，一般包括对应申请中最新的被认定为可授权/具有可专利性的权利要求副本及其译文，关于对应申请的所有工作结果副本及其译文，关于对应申请的工作结果中所有引用文件的副本。

1. 对应申请的最新可授权/具有可专利性权利要求副本及译文

判断权利要求可授权/具有可专利性始终以最新的审查意见通知书为准。

在提交在先审查局最新工作结果认定的可授权/具有可专利性的所有权利要求副本时，申请人可以提交官方副本，也可以提交符合要求的任意形式的权利要求副本。该副本应当包含对应申请所有可授权/具有可专利性的权利要求的内容。

申请人应当注意，并非所有已授权的对应申请在提交PPH请求时，授权公告文本中的权利要求均可以作为对应申请中可授权/具有可专利性的权利要求。申请人在提交 PPH 请求时应当关注对应申请的最新工作结果内容，特别是授权后的权利要求是否进行过更正或修改等。如果对应申请在授权后又作出了新的修改并且为对应专利机构所接受，此时应当根据修改的实际情况，提交对应专利机构最终所认可的修改文本。

对应申请可授权/具有可专利性权利要求副本译文是对对应申请中可授权/具有可专利性权利要求副本的完整翻译。副本译文的内容应当翻译完整，使用同一种语言进行翻译，译文内容应当与副本内容相一致。

各专利机构应当使用的译文语言见表 4-9。

表 4-9 对应申请可授权/具有可专利性权利要求副本译文的译文语言

后续申请受理局	提交对应申请可专利性权利要求副本的译文语言
德国专利商标局	德语、英语
俄罗斯联邦知识产权局	俄语、英语
丹麦专利商标局	丹麦语、英语
芬兰国家专利与注册委员会	芬兰语、英语
奥地利专利局	德语、英语
波兰专利局	波兰语、英语
葡萄牙工业产权局	葡萄牙语、英语
西班牙专利商标局	西班牙语、英语
瑞典专利和注册局	瑞典语、英语
英国知识产权局	英语
冰岛专利局	丹麦语、英语

2. 对应申请的所有国家工作结果/最新国际工作结果副本及译文

对于常规 PPH 项目，申请人需要提交对应申请所有审查意见通知书的副本及其译文。对于 PCT-PPH 项目，申请人应提交国际单位认定权利要求可授权/具有可专利性的最新国际工作结果的副本。

对应申请所有国家工作结果/最新国际工作结果副本译文是对对应申请所有国家工作结果/最新国际工作结果副本的完整翻译。副本译文的内容应当完整，使用同一种语言进行翻译，译文内容应当与副本内容相一致。

各专利机构应当使用的译文语言见表4-10。

表4-10 对应申请所有国家工作结果/最新国际工作结果副本译文的译文语言

后续申请受理局	提交对应申请工作结果副本译文语言
德国专利商标局	德语、英语
俄罗斯联邦知识产权局	俄语、英语
丹麦专利商标局	丹麦语、英语
芬兰国家专利与注册委员会	芬兰语、英语
奥地利专利局	德语、英语
波兰专利局	波兰语、英语
葡萄牙工业产权局	葡萄牙语、英语
西班牙专利商标局	西班牙语、英语
瑞典专利和注册局	瑞典语、英语
英国知识产权局	英语
冰岛专利局	丹麦语、英语

在提交对应申请所有国家工作结果/最新国际工作结果副本译文时，申请人可以提交以任意方式获取的译文，例如，对应专利机构网站上机器翻译的译文。但是若由于翻译不充分导致审查员无法理解译文内容，后续审查局将要求申请人重新提交译文。

如果对应申请所有国家工作结果/最新国际工作结果副本及其译文可以通过案卷访问系统查阅或"PATENTSCOPE®"获得时，除非后续审查局（OLE）要求，通常申请人可以不用提交相关文件。依据中国国家知识产权局与各局签订的PPH流程，中国国家知识产权局案卷访问系统为：中国专利查询系统（China patent enquiry system）；对于PCT-PPH，"PATENTSCOPE®"网址是http：//www.wipo.int/pctdb/en/index.jsp。

对应申请中认为可授权/具有可专利性的所有权利要求副本及其译文，对应申请所有国家工作结果/最新国际工作结果副本及其译文的省略提交情形，见表4-11。

表 4-11　文件省略提交的情形

后续审查局	中国国家知识产权局作出的相关文件	译文要求	省略提交/获取途径
德国专利商标局	全部审查意见通知书的副本及其译文	德语和英语均可作为译文，机器翻译可接受，如不被理解可另行提交译文	无
德国专利商标局	已经由中国国家知识产权局审查的权利要求的副本，必要时包括之后进行了修改且由中国国家知识产权局认定为可授权的权利要求的副本及其译文	德语和英语均可作为译文，机器翻译可接受，如不被理解可另行提交译文	无
俄罗斯联邦知识产权局	所有审查意见通知书的副本及其译文	俄语或英语均可作为译文，机器翻译可接受，如不被理解可另行提交译文	无
俄罗斯联邦知识产权局	可授权/具有可专利性的所有权利要求的副本及其译文	俄语或英语均可作为译文，机器翻译不可接受	无
芬兰国家专利与注册委员会	所有审查意见通知书（与可专利性相关）的副本及其译文	芬兰语和英语均可作为译文。机器翻译可接受，若不被理解可另行提交译文	CPQUERY
芬兰国家专利与注册委员会	可授权/具有可专利性的权利要求的副本及其译文	芬兰语和英语均可作为译文。机器翻译可接受，若不被理解可另行提交译文	CPQUERY
丹麦专利商标局	有关的审查意见通知书的副本及其译文；审查意见通知书为中国国家知识产权局审查员发给申请人的通知或信件	英语或丹麦语均可作为译文，机器翻译可接受，若不被理解可另行提交译文	无

续表

后续审查局	中国国家知识产权局作出的相关文件	译文要求	省略提交/获取途径
丹麦专利商标局	可授权/具有可专利性的权利要求的副本及其译文	英语或丹麦语均可作为译文,机器翻译可接受,若不被理解可另行提交译文	无
丹麦专利商标局	可授权/具有可专利性的所有权利要求的副本及其译文	英语或丹麦语均可作为译文,机器翻译可接受,若不被理解可另行提交译文	CPQUERY
奥地利专利局	所有审查意见通知书的副本及其译文	德语或英语均可作为译文,机器翻译可接受,若不被理解可另行提交译文	CPQUERY
奥地利专利局	中国国家知识产权局审查的权利要求的副本以及在适当时随后修改的被中国国家知识产权局认为具有可专利性的权利要求的副本及其译文	德语或英语均可作为译文,机器翻译可接受,若不被理解可另行提交译文	无
波兰专利局	所有审查意见通知书(与中国国家知识产权局关于可专利性的实质审查相关)的副本及其译文	波兰语或英语均可作为译文,若译文不被理解可重新提交	无
波兰专利局	可授权/具有可专利性的所有权利要求的副本及其译文	波兰语或英语均可作为译文,若译文不被理解可重新提交	无
葡萄牙工业产权局	所有审查意见通知书(与中国国家知识产权局关于可专利性的实质审查相关)的副本及其译文	葡萄牙语或英语均可作为译文,机器翻译可接受,若不被理解可另行提交译文	CPQUERY
葡萄牙工业产权局	可授权/具有可专利性的权利要求的副本及其译文	葡萄牙语或英语均可作为译文,机器翻译可接受,若不被理解可另行提交译文	CPQUERY

续表

后续审查局	中国国家知识产权局作出的相关文件	译文要求	省略提交/获取途径
西班牙专利商标局	所有审查意见通知书（与中国国家知识产权局关于可专利性的实质审查相关）的副本及其译文	西班牙语或英语均可作为译文，机器翻译可接受，若不被理解可另行提交译文	CPQUERY
西班牙专利商标局	可授权/具有可专利性的权利要求的副本及其译文	西班牙语或英语均可作为译文，机器翻译可接受，若不被理解可另行提交译文	CPQUERY
瑞典专利和注册局	所有审查意见通知书（与中国国家知识产权局关于可专利性的实质审查相关）的副本及其译文	瑞典语或英语均可作为译文，机器翻译可接受，若不被理解可另行提交译文	CPQUERY
瑞典专利和注册局	可授权/具有可专利性的权利要求的副本及其译文	瑞典语或英语均可作为译文，机器翻译可接受，若不被理解可另行提交译文	CPQUERY
英国知识产权局	所有审查意见通知书副本及其译文	英语，机器翻译可接受，如不被理解可另行提交译文	CPQUERY
英国知识产权局	可授权/具有可专利性的权利要求的副本及其译文	英语，机器翻译可接受，如不被理解可另行提交译文	CPQUERY
冰岛专利局	所有审查意见通知书副本及其译文，此处审查意见通知书为中国国家知识产权局审查员发给申请人所有的信件和通知	英语或丹麦语，机器翻译可接受，如不被理解可另行提交译文	不可省略提交
冰岛专利局	可授权/具有可专利性的权利要求的副本及其译文	英语或丹麦语，机器翻译可接受，如不被理解可另行提交译文	不可省略提交

3. 对应申请工作结果引用文献

在常规 PPH 项目中，对应申请工作结果引用文献是指对应申请审查局就对应申请作出的所有审查意见通知书中引用的文件，包括各通知书正文和附件中所有列出的引用文件。申请人可以通过查找对应申请授权公告文本、对应申请授权决定通知书或者查找对应申请审查局关于该申请的数据库来获得对应申请引用文献的信息。

在 PCT-PPH 项目中，对应申请工作结果引用文献是指对应申请审查局在对应 PCT 申请的最新国际工作结果中引用文件的副本，引用文件副本信息可参见各国际阶段工作结果的第 V 栏 "2. 文献及说明" 和第 VI 栏中的内容。

申请人一般无须提交对应申请工作结果引用文献的译文。但如果申请人愿意，可以在提交 PPH 请求时自由提交译文，并将其作为支持文件的一部分，以便后续审查局参考。

四、PPH 请求的提交、审批及批准后的实审程序

1. PPH 请求的提交及审批

按照向各专利机构提出 PPH 项目请求要求的不同，申请人可以采用纸件和/或电子形式提交 PPH 请求。

同时由于 PPH 项目在各专利机构属于无须收取官费的项目，因此申请人无须缴纳费用。

一般向各专利机构提交 PPH 请求时，审批结论为同意其申请按照 PPH 程序加快处理的，将在系统标识为 "加快申请"，并且在对其他所有类别申请启动审查前由后续审查局审查员优先进行实质审查。PPH 请求获准后，实审阶段加快情况与在欧洲参与 PACE 加快程序的情况相同。各专利机构是否通知申请人后续申请将按照 PPH 程序予以加快，由各专利机构自行规定，具体见表 4-12。

表 4-12　PPH 请求审批合格的通知书

后续申请受理局	PPH 请求合格后，是否通知申请人
德国专利商标局	不通知
俄罗斯联邦知识产权局	不通知
丹麦专利商标局	不通知
芬兰国家专利与注册委员会	通知
奥地利专利局	不通知
波兰专利局	通知
葡萄牙工业产权局	通知
西班牙专利商标局	通知
瑞典专利和注册局	通知
英国知识产权局	通知
冰岛专利局	通知

对于向相关专利机构提交的 PPH 请求，如果审批结论为同意申请按照 PPH 程序加快处理，且该专利机构不通知申请人作出加快审查的决定，由于实质审查进程的加快，该专利机构将对申请进行尽快审查。此时，申请人将能较快收到实审阶段第一次审查意见通知书，以说明该申请的 PPH 请求获准。

如果 PPH 请求存在缺陷，相关专利机构将向申请人发出相应通知，并将指明缺陷。具体见表 4-13。

表 4-13　PPH 请求的补正机会

后续申请受理局	PPH 请求不合格，可否补正
德国专利商标局	（1）申请人可对缺陷进行补正并重新提出 PPH 请求； （2）只要尚未发出 PPH 请求未获批准的通知，申请人还可以提交缺失文件
俄罗斯联邦知识产权局	（1）告知申请人（或其代表）不接受的情形及相应理由，同时给予申请人一次机会对请求进行补正； （2）在例外情况下，申请人一次补正不合格时，还将再给予一次机会对 PPH 请求进行补正

续表

后续申请受理局	PPH 请求不合格，可否补正
丹麦专利商标局	告知申请人（或其代表）不接受的情形及相应理由，同时给予申请人机会对请求进行补正
芬兰国家专利与注册委员会	（1）告知申请人（或其代表）不接受的情形及相应理由； （2）在 NBPR 发出"同意通知书"前，可再次提出 PPH 请求
奥地利专利局	（1）告知申请人（或其代表）不接受的情形及相应理由，同时给予申请人一次机会对请求进行补正； （2）如果补正仍未符合要求，该申请将按照正常程序等待审查
波兰专利局	（1）告知申请人（或其代表）不接受的情形及相应理由，同时给予申请人一次机会对请求进行补正； （2）申请人一次补正不合格时，还将再给予一次机会对 PPH 请求进行补正； （3）如果再次提交仍未符合要求，该申请将按照正常程序等待审查
葡萄牙工业产权局	（1）告知申请人不接受的情形及相应理由； （2）申请人可再次提交 PPH 请求
西班牙专利商标局	（1）告知申请人不接受的情形及相应理由； （2）申请人可再次提交 PPH 请求
瑞典专利和注册局	（1）告知申请人（或其代表）不接受的情形及相应理由，同时给予申请人一次机会对请求进行补正； （2）如果补正仍未符合要求，该申请将按照正常程序等待审查
英国知识产权局	（1）告知申请人（或其代表）不接受的情形及相应理由，同时给予申请人一次机会对请求进行补正； （2）如果补正仍未符合要求，该申请将按照正常程序等待审查
冰岛专利局	告知申请人（或其代表）不接受的情形及相应理由，同时给予申请人机会对请求进行补正

PPH 请求仅对本申请进行加快，不会惠及其派生申请。换句话说，如果申请人希望加快该申请的派生申请，应当对其派生申请重新提出 PPH 请求，并需要符合 PPH 项目各个方面的要求。

2. PPH 请求批准后的实审程序

提出 PPH 请求的申请的实质审查标准与一般申请相同，这是因为 PPH 合作协议仅建立在后续申请或审查局可以利用（不是承认）

首次申请或审查局做出的检索和审查结果的基础之上。因此提出PPH请求的申请的实质审查仍然依据各局相关专利法律法规进行，其实质审查的标准与一般申请的实质审查标准相同。

PPH请求审批后，各局对申请文件的修改要求各有不同，具体见表4-14。

表4-14 PPH请求审批合格后申请文件的修改要求

后续申请受理局	一通发出前修改	一通发出后修改
德国专利商标局	不需要满足充分对应性要求	不需要满足充分对应性要求
俄罗斯联邦知识产权局	需要满足充分对应性要求	不需要满足充分对应性要求
丹麦专利商标局	需要满足充分对应性要求	不需要满足充分对应性要求
芬兰国家专利与注册委员会	不需要满足充分对应性要求	不需要满足充分对应性要求
奥地利专利局	不需要满足充分对应性要求	不需要满足充分对应性要求
波兰专利局	需要满足充分对应性要求	（1）为克服审查员提出的驳回理由而对权利要求进行的修改不需要满足权利要求充分对应性要求；（2）任何超出权利要求充分对应性的修改都需要由审查员裁量
葡萄牙工业产权局	不需要满足充分对应性要求	不需要满足充分对应性要求
西班牙专利商标局	不需要满足充分对应性要求	不需要满足充分对应性要求
瑞典专利和注册局	不需要满足充分对应性要求	不需要满足充分对应性要求
英国知识产权局	不需要满足充分对应性要求	不需要满足充分对应性要求
冰岛专利局	需要满足充分对应性要求	不需要满足充分对应性要求

在PPH请求得到批准之后到后续审查局审查员发出实审阶段第一次通知书之前，俄罗斯联邦知识产权局、丹麦专利商标局、波兰专利局、冰岛专利局均要求其权利要求的修改仍应符合权利要求充分对应性的要求，若不满足，则取消该申请的加快审查待遇，将其作为一般案件处理；而其他各局对此不做要求。

在后续局审查员发出实审阶段第一次通知书之后，除特殊情形下的波兰专利局外，其余各局不再要求其权利要求的修改满足充分对应性要求，即使申请人收到一通后的修改将导致权利要求不再充分对应，该申请也将被作为加快审查案件予以处理。

第四节　欧洲专利审查信息查询

一、多国专利审查信息查询服务概述

在传统专利审查信息查询中，查询人需要通过登录各个国家专利局的数据库查询系统获得专利信息。例如，对于尚未公布的申请来说，仅申请人或其代表请求或通过使用 MYfiles 服务调取文件才可见；如果该欧洲专利申请已经公布，则公众可以通过欧洲专利注册系统（EPR）进行查询。此种操作模式必然要求查询人能熟知各局数据库查询流程，熟练掌握相应查询技巧，这使得查询外国专利审查信息难度增大。

2014 年年底，中国国家知识产权局宣布免费开放五局专利审查信息资源，以使得创新者可以及时掌握世界高科技研发及产业化最新动态，提升创新能力；也可以在进军海外市场前及时掌握本领域专利信息，有效避免知识产权纠纷。在此背景下，多国专利审查信息查询系统应运而生，通过该系统申请人可以查询公布后的中国国家知识产权局、欧洲专利局、日本特许厅、韩国知识产权局、美国专利商标局受理的发明专利审查信息。同时该系统还提供英语、德语、西班牙语、法语、日语、韩语以及俄语的界面服务，以便为更多不同需求的查询人提供服务。

该系统下，用户登录系统并进入多国发明专利审查信息查询界面，可以通过输入申请号（或公开号、优先权号）查询该申请的同族（由欧洲专利局提供）相关信息，并可以查询中国国家知识产权局、欧洲专利局、日本特许厅、韩国知识产权局、美国专利商标局的申请及审查信息，即使用统一的网络用户入口达到多国专利审查信息查询的目的。

二、多国专利审查信息查询服务使用实务

1. 多国专利审查信息查询服务的查询范围及服务时间

多国专利审查信息查询服务的查询范围见表4-15。

表 4-15 多国专利审查信息查询服务的查询范围

专利局	查询范围（申请日）	是否有中文译文
中国国家知识产权局	2010年2月10日至今	
欧洲专利局	1978年6月1日至今	否
日本特许厅	1990年至今	部分有
韩国知识产权局	1999年至今	部分有
美国专利商标局	2003年1月至今	否

多国专利审查信息查询服务的服务时间见表4-16。

表 4-16 多国专利审查信息查询服务的服务时间

专利局	服务时间*	非服务时间
中国国家知识产权局	周一至周五： 00：00—24：00（北京时间）	服务时间之外的其他时间及节假日
欧洲专利局	周一、周三： 00：00—05：00（CET）； 05：15—17：00（CET）； 18：00—24：00（CET）； 周二、周四、周六： 00：00—05：00（CET）； 05：15—24：00（CET）； 周日： 00：00—05：00（CET）； 06：00—24：00（CET）	服务时间之外的其他时间及节假日

续表

专利局	服务时间*	非服务时间
日本特许厅	周一： 08：00—22：00（JST）； 周二至周五： 07：00—22：00（JST）	服务时间之外的其他时间及节假日
韩国知识产权局	周一、周二、周四、周五、周六： 00：00—24：00（KST）； 周三： 00：00—18：00（KST）； 19：00—24：00（KST）； 周日、假日： 09：00—21：00（KST）	服务时间之外的其他时间及节假日
美国专利商标局	周一至周五： 00：00—04：30（EST）； 05：30—24：00（EST）	服务时间之外的其他时间及节假日

* 表中时间均为当地时间。

2. 多国专利审查信息查询服务的使用技巧

在中国专利查询系统中有多国专利审查信息查询系统，目前中国专利查询系统使用的网址是：http：//www.cpquery.sipo.gov.cn/；登录网站 http：//www.sipo.gov.cn/，点击主页右侧的"中国专利查询系统"的链接也可登录中国专利查询系统；在电子申请网站 http：//www.cponline.gov.cn/也有相应的链接。

中国专利查询系统的查询权限分为注册用户和公众用户。注册用户指中国专利电子申请的注册用户，他们使用电子申请的注册账号（用户名）和密码，就可以登录注册用户系统。公众用户无须注册，查询人仅需点击"公众查询"即可进入。对于需要查询海外专利申请的审查信息的查询人，一般情况下公众查询模式基本可以满足需求，其已经可以查询相应号段下的申请及所有审查信息，见图4-27、图4-28。

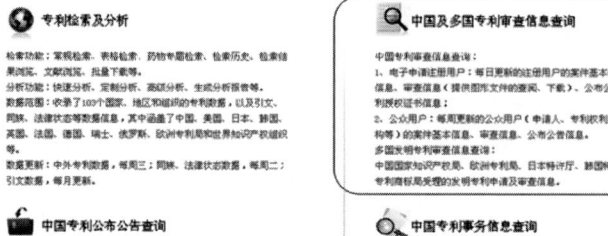

图 4-27　中国专利检索与查询服务界面

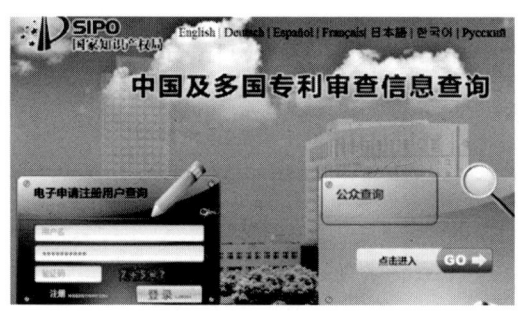

图 4-28　中国及多国专利审查信息查询系统登录界面

查询人登录后,应当同意"系统使用声明",其后进入查询界面,见图 4-29。查询界面中查询人应当相应选择号码类型(申请号、公告号、优先权号)、国别(如 CN、EP)、申请号,同时输入相应验证码。在填写申请号时应当按照该国数据查询系统要求进行填写,对于欧洲专利局而言,查询人应当填写完整申请号,但不需要将申请号中的校验位填入。例如,申请号为 EP11799363.4,申请人需要在申请号中填写 11799363 即可。

第四章　欧洲专利获权程序中可利用的国际合作项目

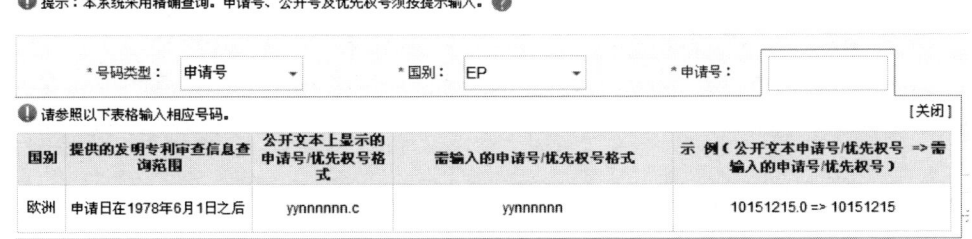

图 4-29　多国专利审查信息查询系统查询界面

之后系统将显示查询结果，查询结果按照关联度排序，同时还包括该查询号下的同族申请信息。选取所需要查询的信息后，将显示该案的申请信息和审查信息。申请信息包括申请号、申请日、发明名称、申请人名称、公开号、公开日、优先权号、优先权日、IPC 分类号、其他体系分类号、引用专利文献信息以及引用非专利文献信息。审查信息中包括通知书信息、答复信息、检索报告、引证文件、分类信息及其他文件。查询人点击相应文件信息后，即可下载该通知书或文件，见图 4-30。

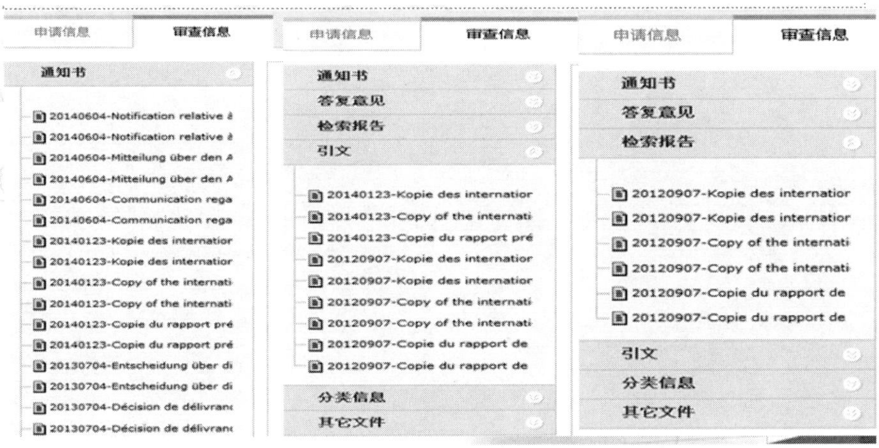

图 4-30　多国专利审查信息查询系统查询结果审查信息界面